# 災害と生きる中世

## 旱魃・洪水・大風・害虫

水野章二

吉川弘文館

# 目次

# 図表目次

# 第一章　中世の農業災害と気候変動

## 1　災害史研究の現在



### 災害史研究の意味

二〇一一年の東日本大震災をはじめとする多くの地震や、毎年のように起こる激しい風・水害などから、災害への関心が高まっている。災害は一般的には非日常的大事件ととらえられ、災害からの復興は日常性の回復と位置づけられているが、それは現代社会が高度な技術力や膨大な資金を投入して災害を押さえ込み、非日常化することにある程度成功してきたからである。災害の持つ意味は時代によって大きく異なる。

前近代社会、とりわけ古代・中世においては、小規模な災害は日常的に発生していたといってよい。我々の目に浮かぶ両岸に連続した堤防を備えた河川の姿は、近世以降のものであり、古代・中世では、一部を除けば、自然堤防（氾濫《はんらん》により土砂が堆積した微高地）などを利用した部分堤がみられるだけで、大洪水が起これば、河道そのものが変動することも、ザラにあったのである。日本の人口が一〇〇〇万を超えるのは室町時代頃と推測されているように、現代よりはるかに少ない人口しか養えず、平均寿命も近世でさえ三〇歳代という社会である。駆使できる技術も限られたなかで、人々は災害、自然の猛威と闘わねばならなかったのである。

災害といっても、そこにはきわめて多様な現象が含まれる。地震や津波は発生周期が長く、人の一生をはるかに超えることが多いため、文字などによる記録がなければ、被災体験は継承されにくい。現代においてすら、発生予測は不可能で、効果的な対策には限界も大きい。一方、風・水害などでは、地形や河川環境などの条件が大きく作用し、また繰り返し発生することから、一定程度の予知と対策も可能で、人々の居住形態などとも密接に関連する。そのため、地域の景観のなかには、過去の災害の痕跡がさまざまな形で刻み込まれている。

現代の災害対策に役立てるために、過去の災害の具体的な事実を明らかにすることは重要である。それとともに、より広い角度から、人々が災害をどのように理解し、立ち向かったかが問われねばならない。そこには技術的な問題から社会的・宗教的な問題まで含まれ、総じていえば、人と自然の関係を考えるためである。それはまた、災害を通じて社会のあり方を問うことでもある。

季節によって気温・降雨量・風向などが大きく変動するアジアモンスーン地帯東端に位置する日本では、その立地環境から、コメが最も多くの人口を養える穀物として重視されてきた。コメはムギなどに比べて、収穫率が高いし、栄養バランスにも優れる。イネを集中的に栽培する人工的な環境が水田であるが、連作障害を起こさないし、地力維持の面からも有利であった。水田は魚類や貝類なども生息する生物多様性の高い空間として、稲作以外の生業も組み合わされていた。そのため、水田は支配の根幹に据えられ、灌漑《かんがい》施設などの生産基盤の整備を進めることが、支配を正当化する根拠となっていく。雨の降らない旱魃《かんばつ》や長雨・洪水などの降水量異常は、稲作を中核とした食料生産に多大な影響を及ぼし、強風や異常繁殖した昆虫なども、生育したイネ・ムギなどに致命的な被害を与える。旱・水・風・虫害などの農業災害は、被害が拡大されると、人々が飢え苦しむ飢饉《ききん》になり、大量死を招いた。それに対し、当時の都市環境や簡素・軽量の家屋構造などから、地震による圧死や火災などに起因する人命損傷は、のちの時代ほどは多くはなかったのである。

中世、特に前期は、京都などの権力中枢にいた公家・寺社が伝えた文書・記録などが災害分析の基本史料となるが、そこに現れる災害情報の多くは、京都が直接被災した場合を除けば、荘園領主による年貢《ねんぐ》減免や復旧経費の支出などに関連するものが中心で、被災地域の具体的な姿や復旧過程の実態はなかなかみえない。それに加えて、古代や中世では、気温や降水量などに関する信頼できるデータが存在しなかった。そのため、農業災害への関心は低く、都市論や政治史などの一部として飢饉にふれたり、気候変動に関連して言及されることを除けば、研究は非常に遅れていたといってよい。

## 農業災害の克服

遅れていた理由は、それだけではない。現代の日本社会では、農業災害の一定部分は確実に克服されてきた。最近のような異常な夏の高温が続いても、用水路や溜池《ためいけ》・ダム・堰《せき》、ポンプによる揚排水《ようはいすい》施設などが整備されてきたため、旱害に対する危惧はあまりみられない。問題となるのは、むしろ都市部の渇水である。海外では、バッタの大量発生による深刻な農業被害などが起きているものの、農薬の使用が進んだ国内では、大規模な虫害は起きていない。逆に農薬の使いすぎが問題になっているといってよい。台風は毎年必ずといってよいほど上陸するが、気象観測技術などが飛躍的に発達したこともあり、死者・行方不明者五〇〇〇人余を出した一九五九年の伊勢湾台風のような被害は出ていない。そもそも食料の過半を輸入に頼るなど、グローバル化の名の下で、農業や食料生産に対する社会の関心が著しく低下してしまっているのである。

しかし現在では、農業・食料問題を別にしても、地球温暖化や気候変動などにともなうさまざまな現象や、「過去に経験したことのない」と表現される激しい風・水害などが各地で続発しており、地震・津波や火山噴火を含め、災害に対する関心はあらためて強くなっている。本書では、中世（平安時代末～戦国時代）を対象に、人々がどのように農業災害に直面し、乗り越えてきたかをみていく。なお使用する史料のうち、平安時代・鎌倉時代の文書《もんじょ》は、それぞれ『平安遺文《へいあんいぶん》』『鎌倉遺文《かまくらいぶん》』の文書番号を、その他のものは、収録された史料集の名称や史料番号などを記す。

## 2　農業災害とその背景

### 『方丈記』の災害記述

災害はさまざまな観点から分類され、定義づけられているが、ごく一般的には、自然現象や人為的な原因によって、人命や社会生活に被害が生じる事態をさす。地震・台風などのように自然現象によって起こる天災（自然災害）と、火災・事故などのように人間の不注意や怠慢が原因で起こる人災とに区別されることが多いが、古代・中世では、災害のとらえ方が異なっており、このような区別はなかった。古代・中世に発生した自然災害は、一般的には、①気象災害―a風・水害、b旱魃・冷害、②地殻災害―a地震・津波、b火山噴火、③虫・鳥獣害―a昆虫の大発生、b鳥獣被害に分類されるが、これは近代科学を基礎にした発生原因によるもので、当時の人々の認識とは別である。

まず、日本における最も著名な災害文学といってよい『方丈記《ほうじょうき》』の記述に即して、中世の災害の特質を確認しておこう。『方丈記』は、鴨長明《かものちょうめい》が二〇歳代であった一一七〇年代後半から一一八〇年代半ばにかけて、京都で体験した安元三年（一一七七）大火、治承四年（一一八〇）辻風《つじかぜ》、同年福原遷都《ふくはらせんと》、養和（一一八一〜二）飢饉、元暦二年（一一八五）地震という五つの「世の不思議」を描いている。

長明が「世の不思議」ととらえたのは、人間の予測を超えた突発的で大規模な災厄のことであるが、京都の都市機能を突然に断絶・麻痺させた福原遷都は明らかに人災―政治的災厄であるし、大火も過失による人災的側面がある。飢饉も自然災害だけに還元することはできないが、辻風・地震などと並列されており、現在のような人災・天災の区別はない。

当時の都市空間の持つ脆弱性、災害に対して有効な手段を持ちえない都市基盤の弱さへの認識が、『方丈記』を書かせたといってもよいが、それは都市だけの問題ではない。

『方丈記』は、安元大火について、出火日時、強風という気象条件、火事の延焼方向、火元および火災の状況などを、簡潔ながらもきわめて明晰に描いている。火災は人為的な原因で発生する場合が多く、また気象・風向などの条件が被害規模に大きな影響を与えるのであるが、そのような特質を十分認識した記述となっている。「公卿の家十六焼けたり。ましてその外、数《かぞ》へ知るに及ばず。惣《すべ》て都のうち、三分が一に及べりとぞ。男女死ぬるもの数十人、馬牛のたぐひ、辺際を知らず」と記すように、京都の三分の一を焼き尽くしたこの大火の死者は「数十人」という。

その状況は当時右大臣であった九条兼実《くじょうかねざね》の日記『玉葉《ぎょくよう》』や、『平家物語』巻一などにも描かれている。公家社会にとって重要な意味を有した大極殿《だいごくでん》までも焼失した大火で、これ以後、大極殿は再建されることはなかった。火災の規模に比べて少ないといってよい死者数は、燃えやすいが簡素な建物が多く、近世以降に比べるならば、はるかに避難が容易であった当時の都市構造によると考えられる。

治承の辻風についても、やはり発生場所・移動方向や被害状況などが的確に記される。

強風が一時的に渦巻きをなして立ち上がるのが旋風・辻風であるが、直径一〇〇メートルほどの積乱雲にともなうものを竜巻と呼び、中心部の気圧は低く、地上の樹木や家屋などを瞬時に巻き上げて被害を及ぼす。旋風はその局地的性格から、記録類にはさほど多くはみえないが、治承の辻風は特筆されるもので、『平家物語』巻三や『百錬抄《ひゃくれんしょう》』などの多くの文献に、その恐怖が記されている。「家の損亡《そんもう》せるのみにあらず、是《これ》を取りつくろふ（繕）間に、身をそこなひ（損）、片輪づける人、数も知らず」とあるように、多数の負傷者は出たものの、死者は記されていない。

元暦の地震は、琵琶湖西岸断層南部（堅田《かたた》断層）の活動によるマグニチュード七・四と推定されるもので、京都や近江に大被害を与えた。堅田断層の上下変位量は五メートル以上に達したとされる。この地震については、内大臣中山忠親《なかやまただちか》の日記『山槐記《さんかいき》』が詳細な記録を残しているなど、古代・中世の地震としては例外的といってよいほど関連史料に恵まれ、被害実態もかなり詳しく明らかになっている。

「恐れのなかに恐るべかりけるは、只《ただ》地震なりけりとこそ覚え侍《はべ》りしか」など、地震の恐怖と混乱が克明に描写されるが、『方丈記』には死者数の記載はなく、公家の日記などにも、寺社や貴族の建物被害の記述は多いものの、死者についての具体的な記事は少ない。

当時の大多数の住居は、屋根も板葺《いたぶき》・茅葺《かやぶき》の軽量で家具類も少ないため、築地《ついじ》の崩壊などに巻き込まれなければ、都市においても、圧死などによる人命損傷はさほど多くはなかったと考えられる。

この地震を描いた『平家物語』巻一二に、「七八十、九十の者も、世の滅するなんどいふ事は、さすがけふ（今日）あす（明日）とは思はずとて、大に驚き、さはぎ（騒）ければ」とあるように、発生周期が長い大地震では、八〇歳・九〇歳の老人であっても、被災体験はない。長明も大地が動くことなど全く予想だにしていなかったが、「月日重なり、年経にし後は、事（言葉）はにかけて言ひ出づる人だになし」と、年月が経過すると人々の記憶は薄れていく。

## 飢饉と農業災害

それに対し養和の飢饉は、「二年が間、世中飢渇《けかつ》して、あさましき事侍りき。或《あるい》は春・夏ひでり、或は秋、大風・洪水など、よからぬ事どもうち続きて、五穀ことごとくならず」と記すように、「ひでり」「大風・洪水」といった農業災害の連鎖が直接の原因であった。降水量不足による旱魃に、台風被害が加わったのである。飢饉で栄養失調になり、その後に抵抗力の衰えた人々を疫病が襲い、大量の死者を出していく凄惨な状況がつづられる。

そのような状況のなかで、仁和寺《にんなじ》の隆暁法印《りゅうぎょうほういん》が死者の額《ひたい》に「阿」という文字を書いて数を数えたところ、四月・五月の二ヵ月間で、京都の中心部だけで四万二三〇〇人余に及んだとする。この数字そのものは仏教的な表現にもとづいているが、膨大な数の死者が発生した事実は動かない。当時の京都の都市人口は、一二万程度と推定されており、食料確保が困難であった下層民を中心に、高い比率で死亡者を出したのである。個々の「ひでり」や「大風・洪水」はけっして「世の不思議」ではないが、それらが重なり合って発生する飢饉は災厄そのものであった。

この時期にはすでにイネの品種多様化や、畠作物などを含む複合的な生業が営まれており、災害への耐性は徐々に強められていた。毎年のように発生する農業災害に対して、それなりの備蓄がなされていたはずであるが、規模の大きさや連鎖・複合など、さまざまな悪条件が重なり合って被害が拡大されると、飢饉につながる。飢饉には戦乱や支配・流通の問題なども密接に関わるが、根本原因はやはり農業災害であった。

農業災害は頻繁に発生するものの、対策は容易ではない。現在多くの人間が居住する沖積平野《ちゅうせきへいや》は繰り返し起きた洪水の所産であり、水田適地は水害の危険性から逃れることはできない。風・水害でも身体や家屋などが直接被害を受けるが、なによりも農業などの生産基盤に大きな打撃を与えるのである。後述するように、中世は気候が大きく変動した時期であり、気候変動が最も顕著に人々に与えた影響が、農業災害といってよい。

古代・中世において、史料に登場する農業災害の表現で最もよくみられるのは、「旱水損」「水旱の損亡」「旱水の災」などといった、旱魃と水害の組み合わせである。水田稲作に比重をおいた社会であったため、降水量の不足と過剰への対応が重要ポイントとなっていた。現在最も詳細な中世災害年表である『日本中世気象災害史年表稿』でも、旱魃と水害が多数を占めており、第二章・第三章でふれるように、国家の行う災害対策も、祈雨《きう》・止雨《しう》に関するものが圧倒的に多いのである。中世後期になっても事態は同じで、史料に恵まれた東寺領播磨国矢野荘《やののしょう》（現兵庫県相生市）や山城国上久世荘《かみくぜのしょう》（現京都市南区）などの事例でも、人々を最も苦しめていたのは水害と旱害であった。

また「旱風水の損亡」「旱水風損」「旱水風等の損亡」といった風害を加えた表記もよくみられる。しかし農業災害全体を広く示す場合は、「旱水風虫の損」「風虫旱水の損亡」「旱水風虫損を云わず」など、旱・水・風・虫害が強く意識された。一一世紀半ば頃に成立した『新猿楽記《しんさるがくき》』では、農業経営の達人である大名田堵《だいみょうたと》田中豊益《たなかとよます》は、「兼ねて水旱の年を想いて、鋤《すき》・鍬《くわ》を調え、暗に腴《こ》え迫《や》せたる地を度《はか》りて、馬把《まぐわ》・犂《からすき》を繕《つくろ》う」など、水害・旱害の発生を想定して農具などの周到な準備をし、「いまだ旱魃・洪水・蝗《こう》（作物に害を与える昆虫）虫・不熟の損に会わず」と描かれている。一六世紀前半に記された「本福寺《ほんぷくじ》跡《あと》書《がき》」（『日本思想大系一七　蓮如《れんにょ》・一向一揆《いっこういっき》』）でも、「風損・水損・干《（旱）》損・小糠虫《こぬかむし》などの不熟の年」のように、虫損を「小糠虫」（ウンカ）で代表しながら、表現している。

## 3　中世の気温と降水量

### 気温・降水量の変動

植物の生長においては、気温と降水量が決定的に重要である。気温は広域的な同調性があるため、最近になって、日本列島を含む東アジア各地の年輪幅データが統計的手法で処理され、年輪が成長する夏季の気温が一年単位で復原された。また夏季の降水量（大気中の水蒸気量）についても、年輪に含まれるセルロースの酸素同位体比から、一年単位での変動が明らかにされた。酸素には三種類の質量数が異なる同位体があり、光合成が行われる植物内では、軽い酸素同位体からなる水が優先的に蒸散によって失われるため、乾燥した年ほど重い酸素同位体が濃集《のうしゅう》して、年輪の酸素同位体比が高くなるのである。

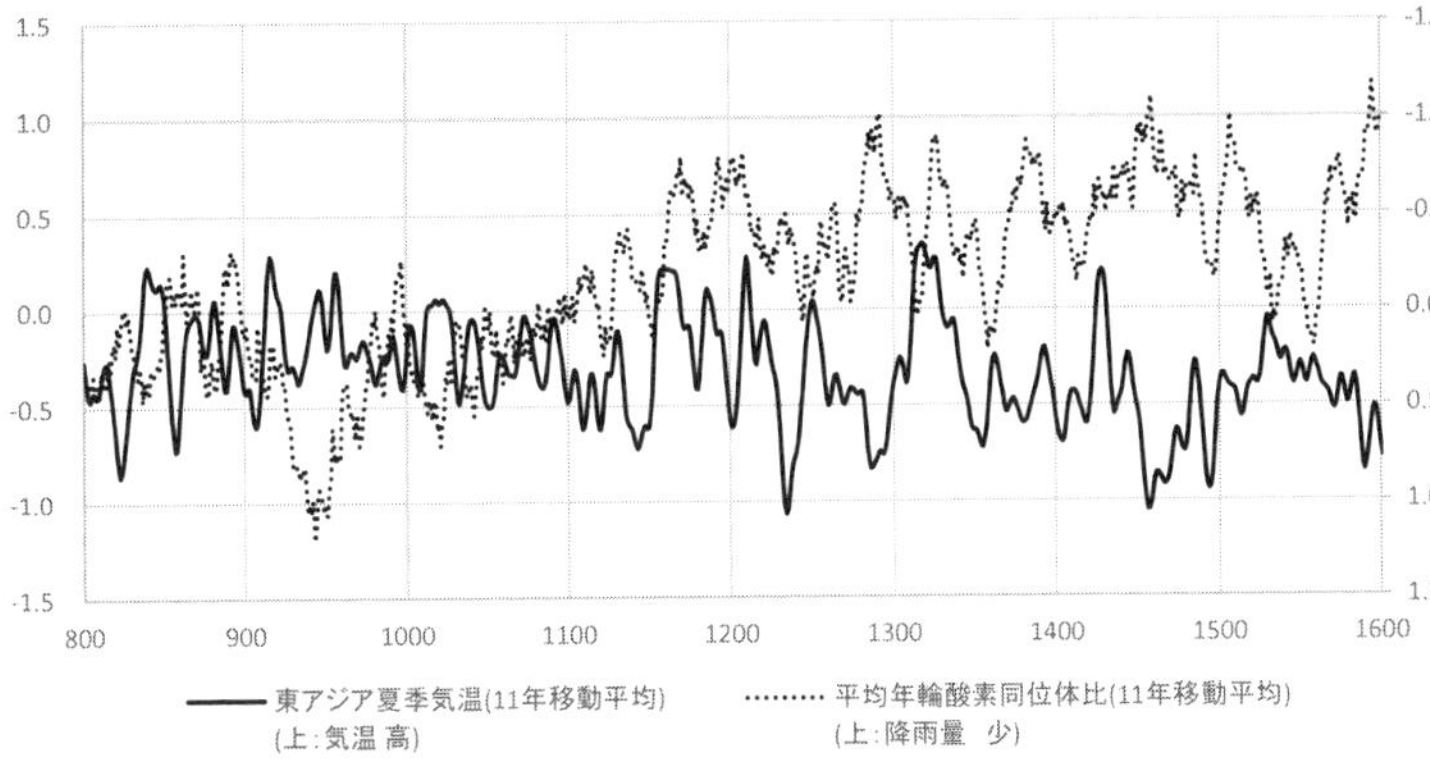


図1　9〜16世紀の降雨量と東アジアの夏季気温

図1は九世紀から一六世紀の東アジアの広域夏季平均気温と、年輪セルロースの酸素同位体比から復原される日本列島の夏季降水量変動を示したもので、実線は気温、破線は年輪酸素同位体比を表す。年輪酸素同位体比は低いほど降水量が多いが、気温との関係を把握しやすくするために逆転させているので、図1ではグラフが上に行くほど降水量は多く、下に行くほど少ない。気温は九〜一一世紀は高温期で、一二世紀半ばまで徐々に低下する。一二世紀半ばに一気に気温が上がったのちは、一五世紀まで数十年周期で気温が乱高下するように、中期的な上下の振動を繰り返しながら、長期的には徐々に気温は低下した。降水量は一〇〜一一世紀前半は少なかったが、一二〜一四世紀には変動が激しくなり、一五〜一六世紀には増大

するように、長期的には増加の傾向をみせている。

また、図2は水害（洪水・霖雨《りんう》）、風害（大風）、旱害（旱魃）に関連する史料件数を、九世紀に関しては六国史、一〇世紀以降は『日本中世気象災害史年表稿』から抽出して、一年ごとの東アジアの夏季平均気温および日本列島の降水量変動と対比したものである。この図では、降水量は上に行くほど少なく、下に行くほど多い。時期によって史料の絶対数や性格には差があるが、全体的な状況を把握するには有効であろう。

図2に明らかなように、年輪酸素同位体比から復原される夏季湿度の低い年（グラフが上に振れる年）は、旱魃史料が多い年と重なる場合がきわめて多い。旱魃は広域的に発生するため、降水量データと一致する度合いが高いが、水害は多くの場合、局地的に発生するため、個別の水害では全体的な降雨量データと一致しないケースがある。全体として降雨量の少なかった年でも、数日間集中して豪雨があれば、水害が発生するのであり、旱魃が続くなかで台風が上陸した場合など、旱魃と水害のどちらも多い年が出現する。

少し具体的に確認しておこう。長承三年（一一三四）は、図2から降水量がきわめて多かったことが示されているが、水害史料も多く出現しており、翌年には長承・保延の飢饉が発生する。治承四年（一一八〇）は降水量が少なく、旱魃・大風史料が多い。翌年には前述した養和の飢饉となるが、降水量の減少が旱魃につながり、それに台風被害が重なったことで食料不足に拍車がかかったと判断される。寛喜二年（一二三〇）前後は東アジアの気温が低下した時期であったが、大風史料も多く、水害も重なって、翌年から寛喜の飢饉が始まる。このように農業災害に関連した史料の出現状況と、気温・降水量変動の対応関係は明瞭である。これまでとは全く異なった精度で、気温や降水量を論じられるようになり、災害史研究は新しい段階を迎えることとなった。

なお図1・2の気温データは、気温が比較的広範囲に同じ方向に変化することから、ヒマラヤやチベット・モンゴルなどの寒冷で、気温の変化に樹木の成長が敏感に応答する地域を含む、東アジア広域の夏季平均気温である。近世ではアジア大陸と日本列島で、気温の変動パターンが大きく異なる時期があることがわかっており、中世においても、その可能性を考慮する必要がある。それに対し降水量データは、中部日本のヒノキ年輪の測定などから得られたもので、精度はより高く、文献史料との関連性もきわめて高い。

図2の災害史料の分類では、霖雨は洪水と一括して水害＝「多すぎる水」として扱っている。これは「霖雨相続いてすでに洪水に及べり、民屋これを流失し、諸人漂没せり」（『鎌倉遺文』一八九〇二）のように、洪水につながる場合が多いためであるが、状況によ

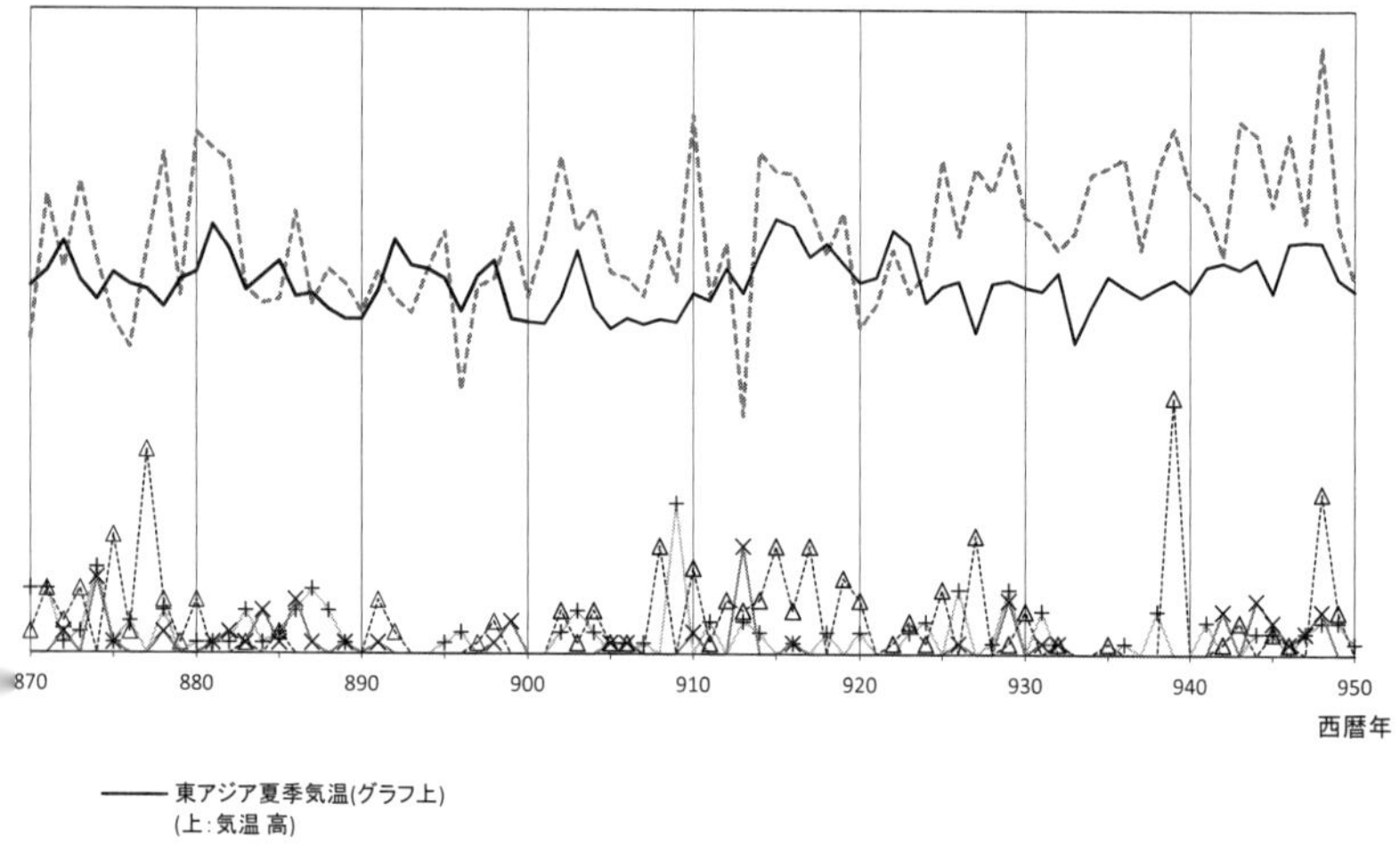


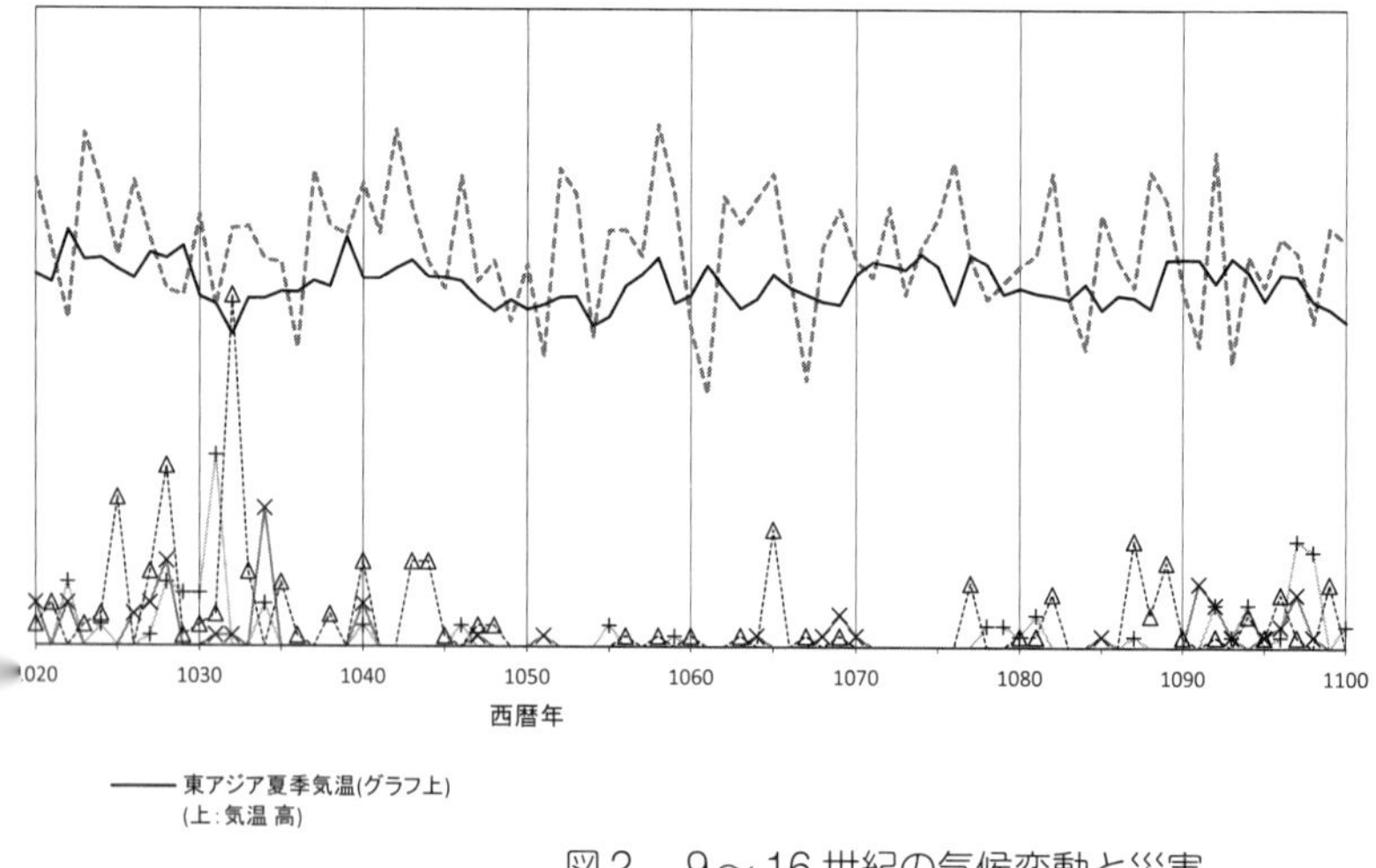


図2　9～16世紀の気候変動と災害

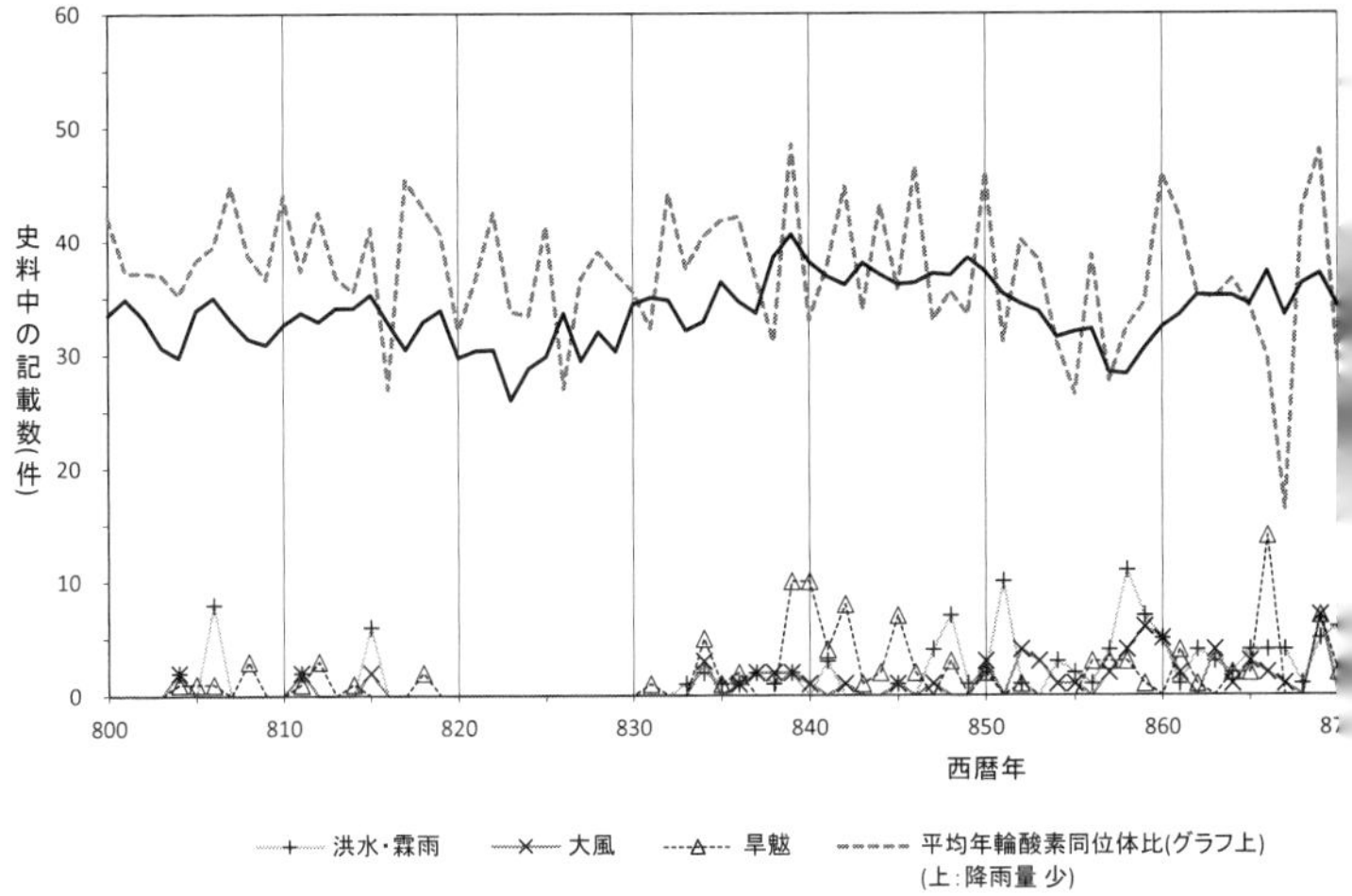
60
50
40
30
20
10
0
史料中の記載数(件)
800
810
820
830
840
850
860
西暦年
洪水・霖雨
大風
旱魃
平均年輪酸素同位体比(グラフ上)
(上:降雨量 少)

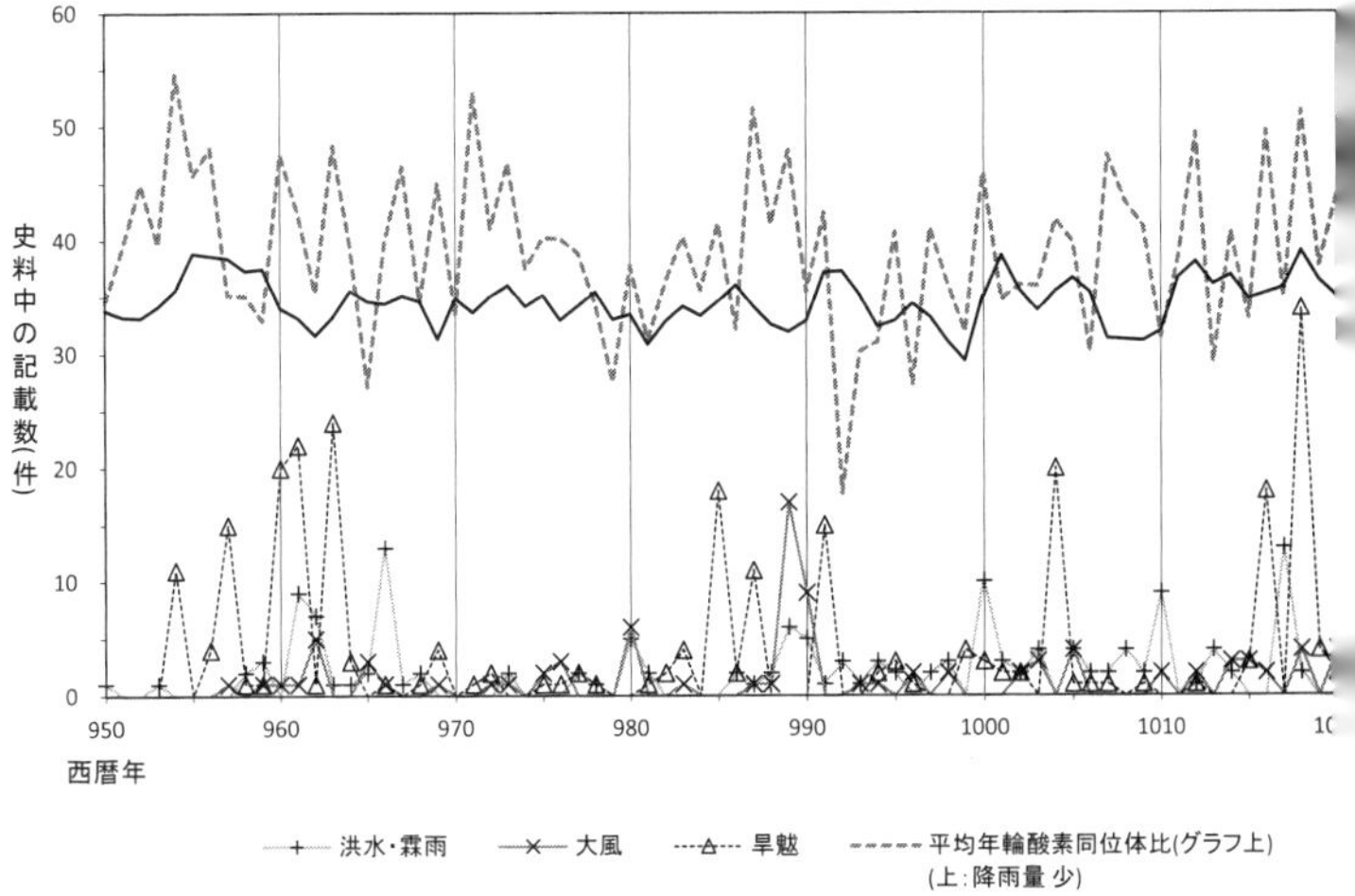
60
50
40
30
20
10
0
史料中の記載数(件)
950
960
970
980
990
1000
1010
西暦年
洪水・霖雨
大風
旱魃
平均年輪酸素同位体比(グラフ上)
(上:降雨量 少)

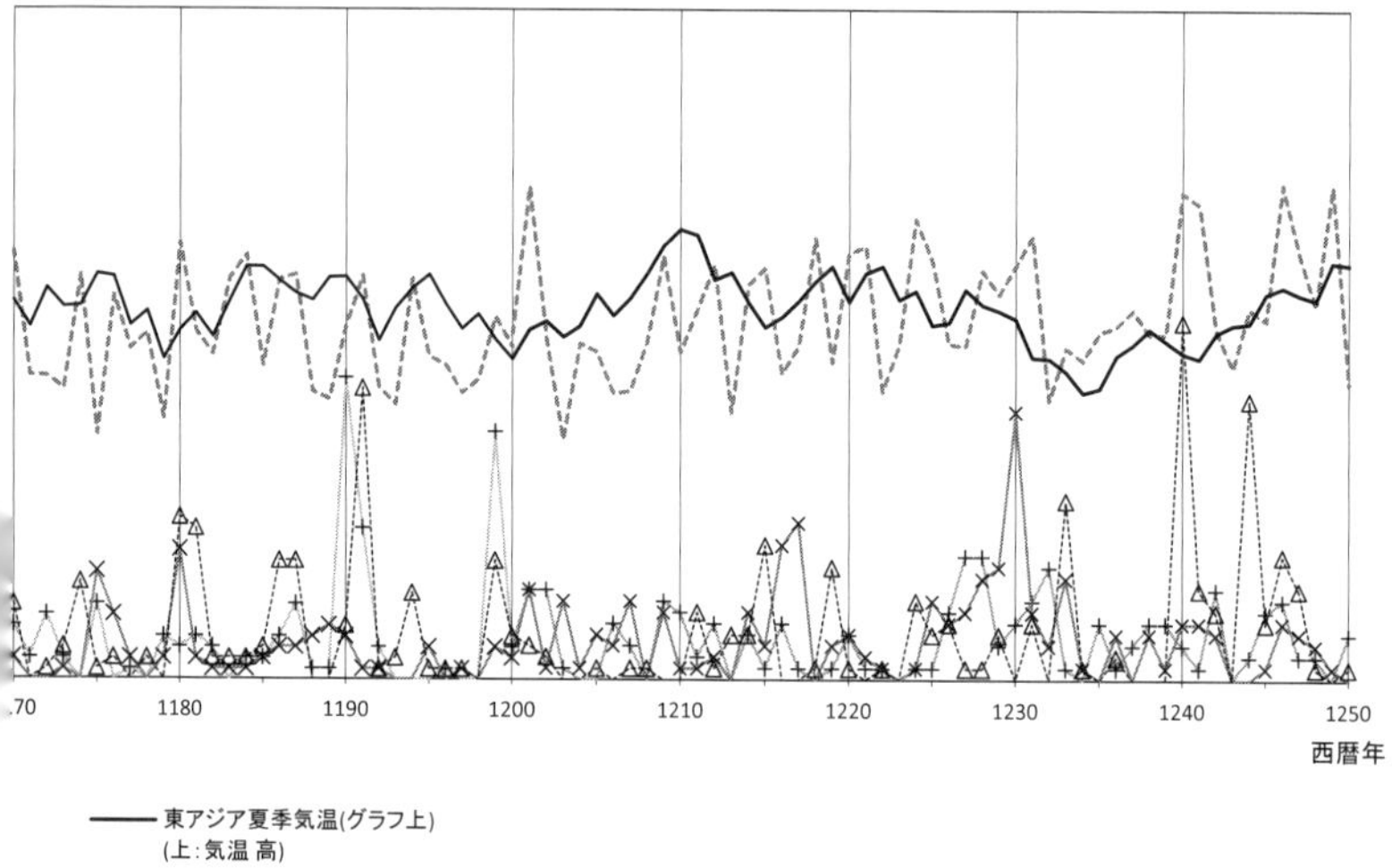

.70
1180
1190
1200
1210
1220
1230
1240
1250
西暦年
東アジア夏季気温(グラフ上)
(上:気温 高)


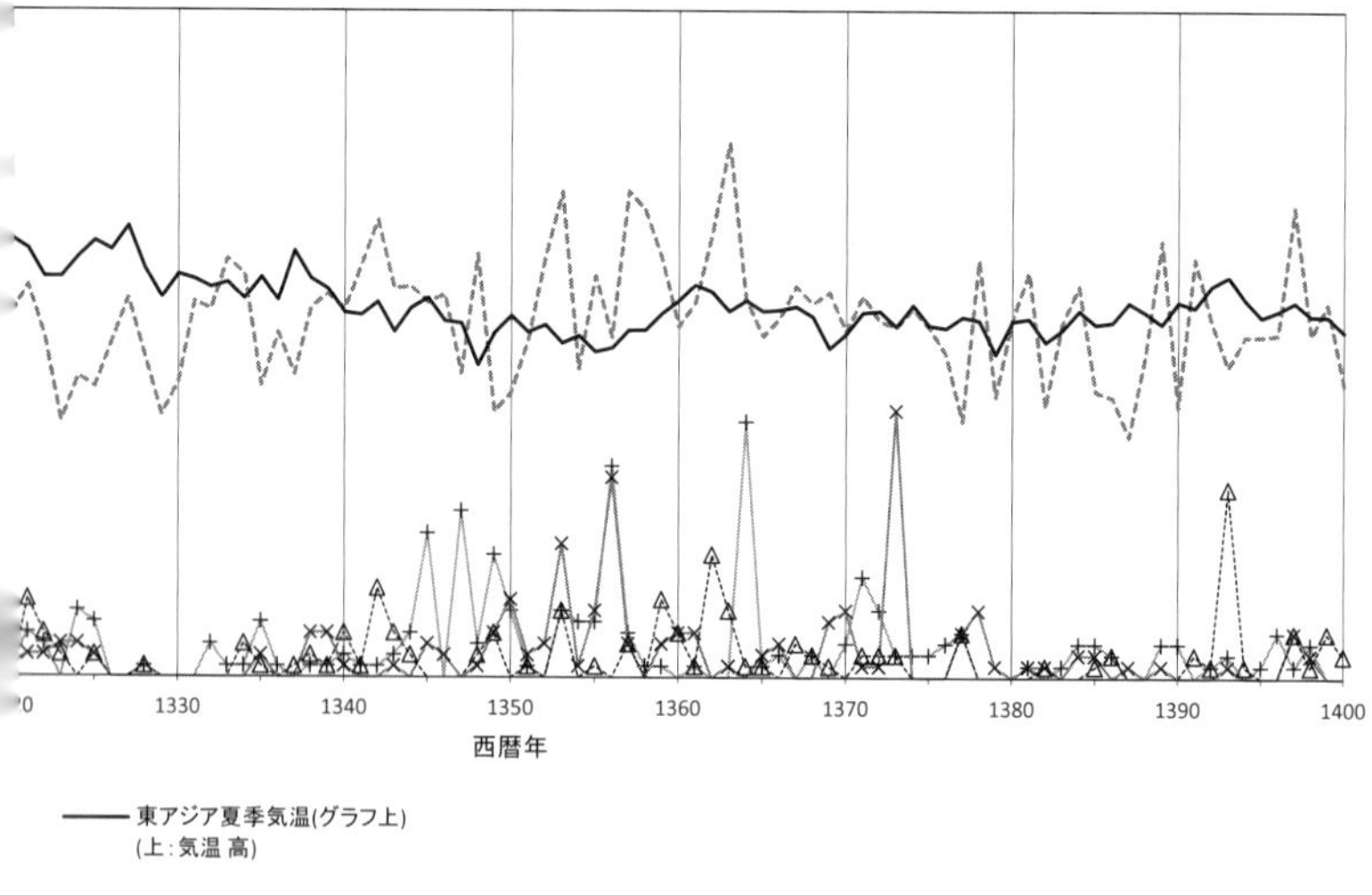

0
1330
1340
1350
1360
1370
1380
1390
1400
西暦年
東アジア夏季気温(グラフ上)
(上:気温 高)

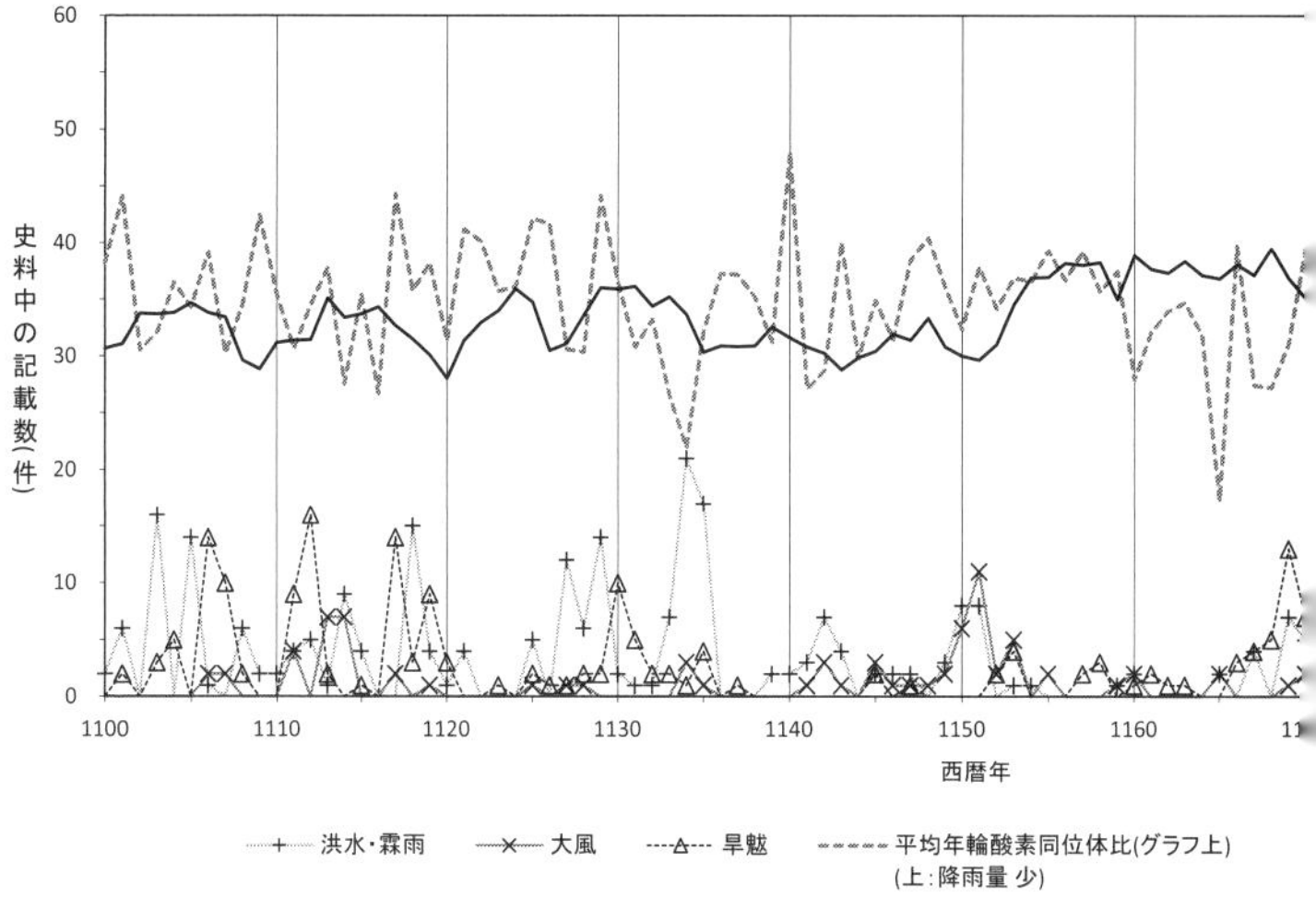
60
50
40
30
20
10
0
史料中の記載数(件)
1100
1110
1120
1130
1140
1150
1160
西暦年
洪水・霖雨
大風
旱魃
平均年輪酸素同位体比(グラフ上)
(上:降雨量 少)

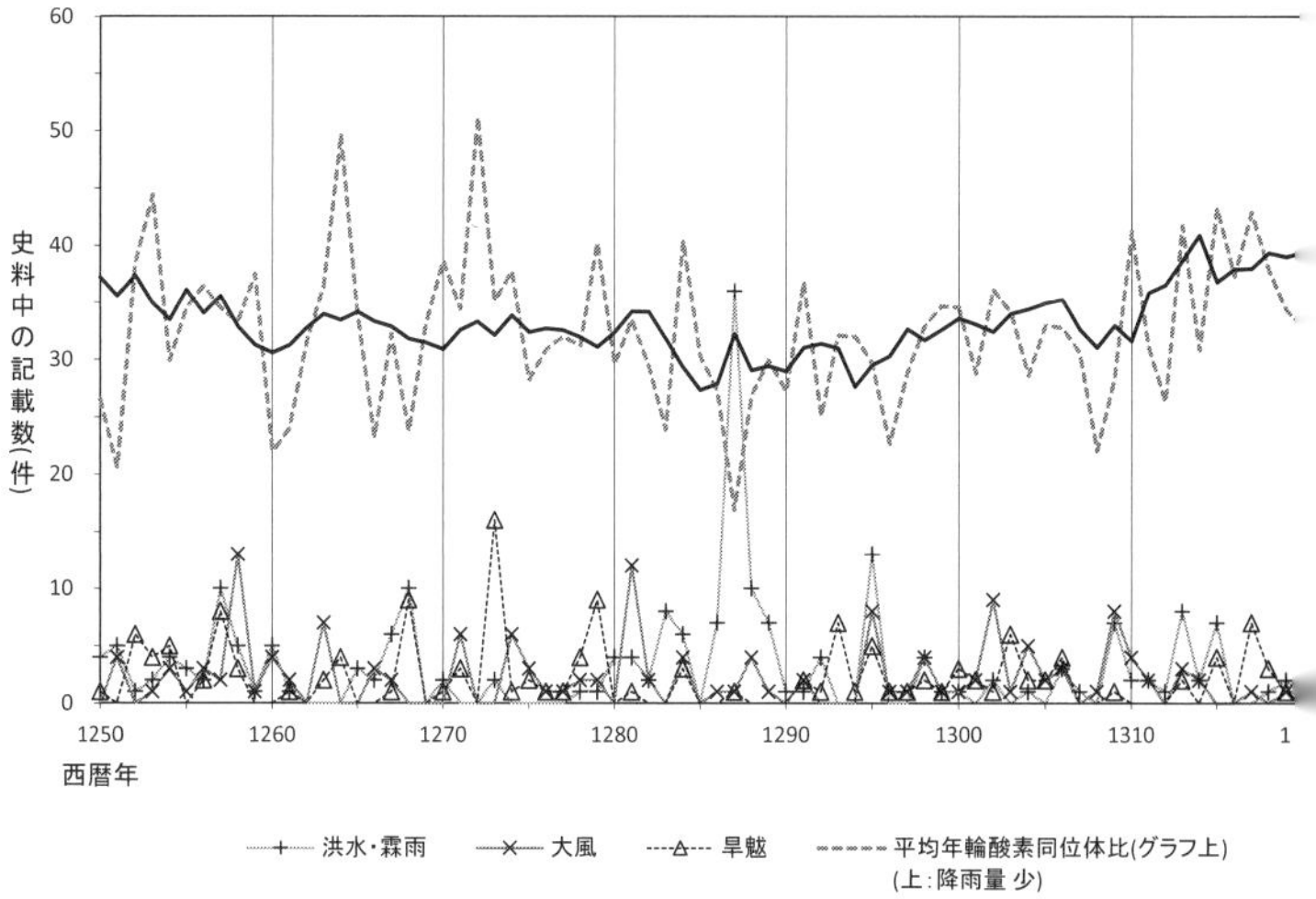
60
50
40
30
20
10
0
史料中の記載数(件)
1250
1260
1270
1280
1290
1300
1310
西暦年
洪水・霖雨
大風
旱魃
平均年輪酸素同位体比(グラフ上)
(上:降雨量 少)

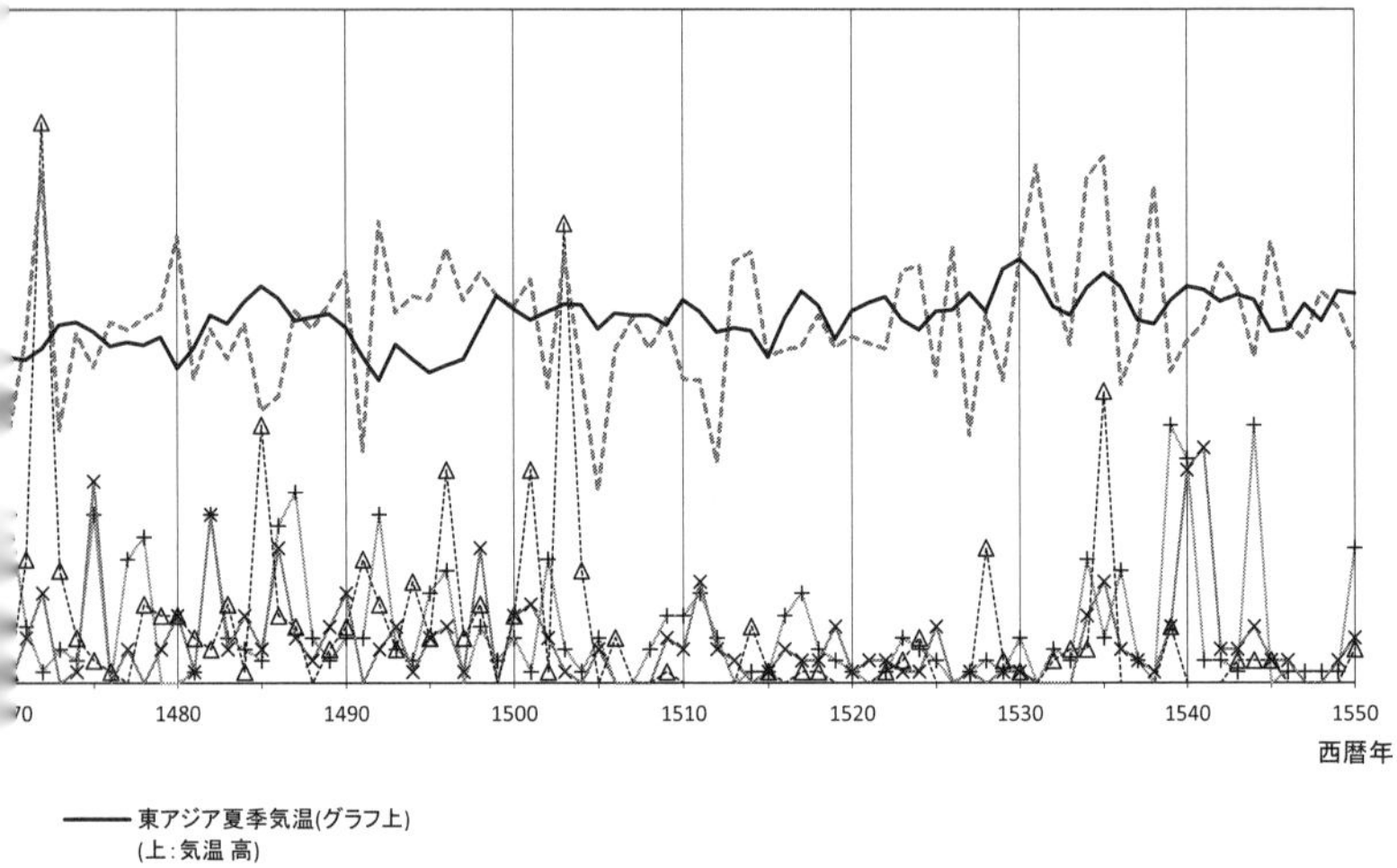


っては日照不足や過湿による作物の生育不良・根腐れ・不稔などの原因になることもある。史料では判別が困難な場合があり、一括して処理した。また虫害は相対的に登場件数が少ないため、図2には表現していない。

従来の中世史研究の一部では、ローズ・フェアブリッジが公表した海水準変動曲線を日本の気温に読み替えて気候変動を論じてきた。海面の変動と気温を連動させることは感覚的には理解しやすいが、六〇年代初の発表当時の技術的水準から、フェアブリッジ曲線は現実の海水準変動を正しく表現できていないし、気温と海水準の変動の間には大きな時間的ズレがある。また日本の海水準の変化は、各地固有の地殻変動の影響で地域ごとに全く異な

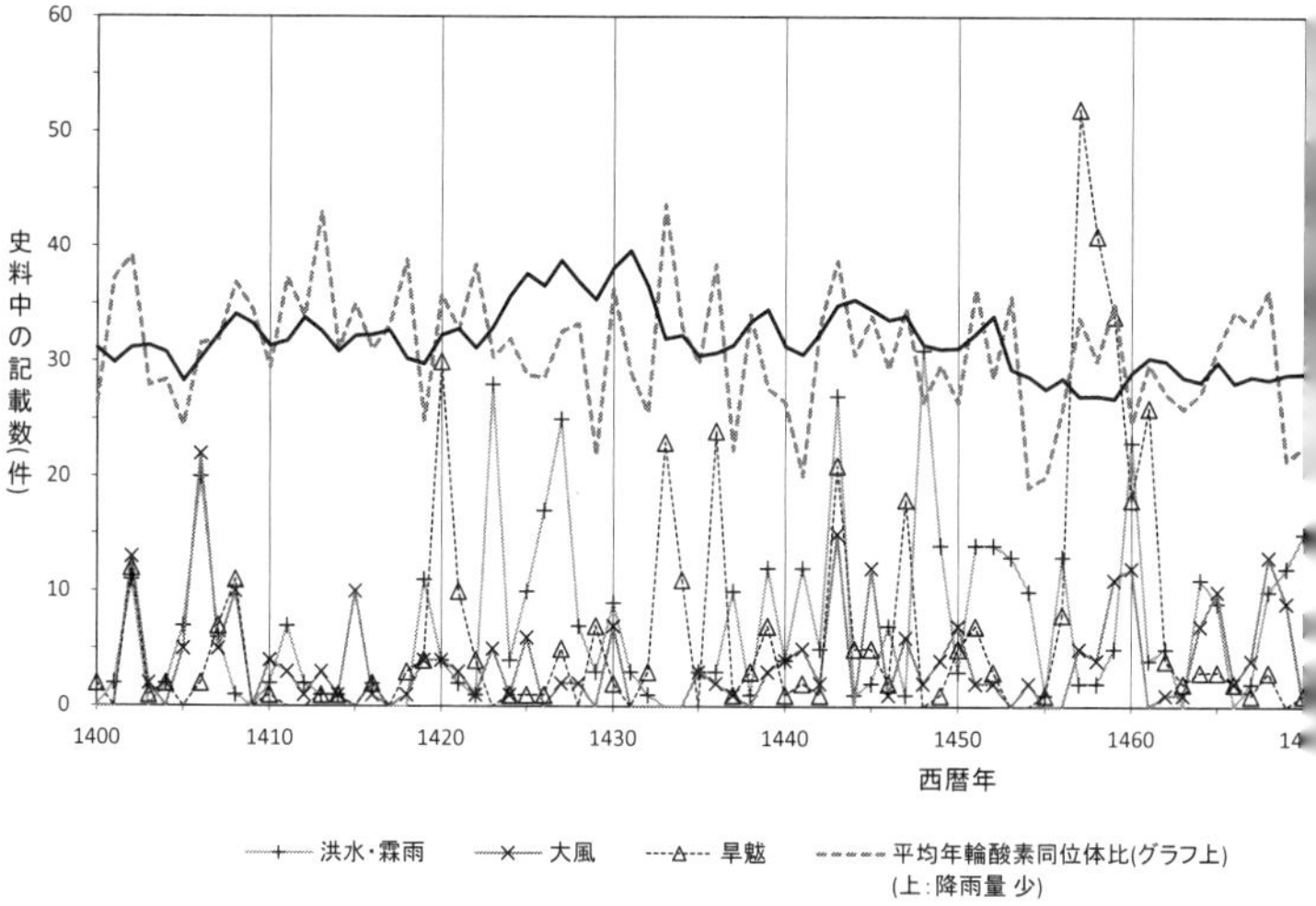
史料中の記載数(件)
西暦年
洪水・霖雨
大風
旱魃
平均年輪酸素同位体比(グラフ上)
(上:降雨量 少)

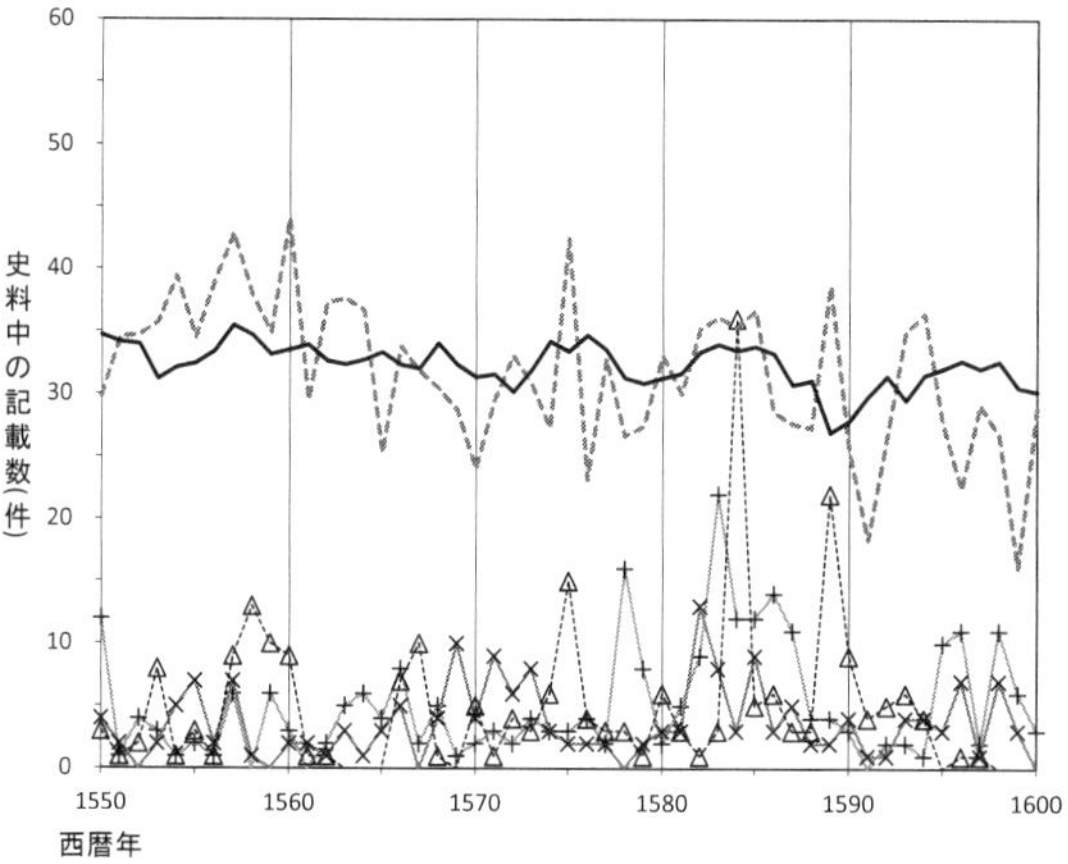
史料中の記載数(件)
西暦年

るなど、フェアブリッジ曲線を前提とした気候変動論は全く成立しないことが明確になっている。

## 冷害の位置づけ

以下、中世における農業災害の実態を各章で検討していくが、旱魃・洪水などの降水量異常については関連史料が多いものの、気温変化に関わる史料は、それに較べるならば少ない。従来はおおよそ、中世成立期は温暖で開発が進行して荘園制が形成されるが、一五世紀後半以降は寒冷化し、土一揆《つちいっき》や戦乱などが発生して社会が不安定化し、荘園制が解体するとされてきた。高気温＝高農業生産力ととらえ、気温の低下は冷害や農業の衰退を招いて飢饉を発生させ、社会変革の原因になるとされてきたのである。

近年でも、前述したフェアブリッジ曲線を前提に、一一〇〇年頃の最温暖化期以後、冷涼化が進行し、冷害発生率の増加により、農業生産性の低下がもたらされた、あるいは一一〇〇年をピークに始まった寒冷化や気候変動などのなかで、中世民衆は古代的班田を耕地とした農業を放棄して山野河海での生業に従事した、などといった見解が提示されている。

気温低下＝冷害・飢饉という図式は一見わかりやすいが、実態はそう単純ではない。一部で指摘されていたことであるが、中世で頻発している災害は風水害や旱害で、冷害によるものは少ない。確かに中世の代表的な冷害として、鎌倉幕府の政策にも大きな影響を与えた寛喜の飢饉が存在する。この時期は、ピークはずれるものの東アジアの夏季気温も低く、『吾妻鏡《あづまかがみ》』寛喜二年（一二三〇）六月一六日条によれば、美濃国で雪が降ったなどの報告を受けた幕府執権北条泰時《ほうじょうやすとき》は、異常気象を怖れ、徳政《とくせい》を決意する。夏の異常低温を伝える史料は多いが、同八月六日条には「甚雨《じんう》、晩に及びて洪水、河辺の民居流失し、人多く溺死《できし》す、古老の者云《いわ》く、いまだこの例を見ざると云々《うんぬん》」、九月八日には「夜に入り大風、天下損亡過半と云々」（『百錬抄』）など、洪水や台風の被害が続く。冬には極端な暖冬となり、麦が凶作となってしまう。翌三年には飢饉が始まるが、強風にも襲われ、風害を避けて天下豊穣を祈願する風伯祭《ふうはくさい》が開始される。確かに寛喜の飢饉の主要因は異常低温であるが、これら一連の災害も大きな影響を与えている。

　やはり大きな被害を出した正嘉の飢饉（一二五八〜五九）でも、冷害の影響が指摘されているが、鎌倉でそれを実体験し、仏教の立場から災害の原因と対策を探った日蓮《にちれん》の「守護国家論」（『日本思想大系一四　日蓮』）では、「正嘉元年（一二五七）には大地大いに震い、同二年にも春の大雨は苗を失い、夏の大旱は草木を枯らし、秋の大風は果実を失い、飢渇忽《たちまち》に起こりて、万民逃脱」と記す。地震・大雨・旱魃・大風の連鎖が飢饉をもたらしたと認識しているのであり、気温低下については言及していない。『吾妻鏡』正嘉二年（一二五八）八月一日条でも、「暴風烈しく吹き、甚雨沃《そそぐ》が如し、（中略）諸国田園悉《ことごと》くもって損亡すと云々」と台風被害を強調しており、冷害が主要因とは断定できないのである。

前述した養和の飢饉は旱魃と風水害の連鎖が主要因であったし、応永の飢饉においても旱魃が主要因で、そこに風水害が重なっている。京都に数万人の飢民が押し寄せたという長禄・寛正の飢饉（一四五九～六二）は気温低下期に起きているが、東福寺《とうふくじ》の僧太極《たいきょく》の日記『碧山日録《へきざんにちろく》』寛正二年（一四六一）一月一二日条では、「去年蝗・潦《りょう》・風・旱、相継《つ》いで災を為し、国家凋耗斃亡《ちょうもうへいぼう》」と、虫・水・風・旱害の連続が国家を衰亡させたとする。関東地方に大きな影響を与えた永正の飢饉（一五〇四）もやはり旱魃が主要因で、天文の飢饉（一五四〇）は大雨・洪水や虫害によるものである。

このように中世に発生した大飢饉で、明らかに冷害が主要因となっていたのは寛喜の飢饉だけといってよい。夏に「綿衣を着る」、「冷気冬天の如し」などの冷夏を示す記述は、温暖な時期も含めて日記・記録に散見されるが、寛喜二年だけが突出して多い。なお一二八〇年から八五年、および一三四〇年から五〇年にかけての時期は、明らかに東アジアの夏季気温が低下しているが、飢饉発生は知られていない。流通構造の変化が、飢饉の発生を抑制したとする見解もあるが、時期が重なるという状況証拠が中心で、具体的な抑制事実の論証はなされてはいない。気温低下＝生産力低下＝冷害・飢饉という図式にとらわれすぎているのではないだろうか。

近年進められている経済成長の数量的推計によれば、古代前半に農業生産量が増加するが、それ以降は目立った成長が起こることはなく、人口と総生産の成長は全体としてゆるやか・停滞的で、一人あたりの農業生産量でみれば、古代後半から中世初頭にかけてはマイナス成長であったという。一四世紀後半からは経済成長の萌芽が確認でき、強い成長が一五世紀後半から一六世紀に起こり、それは一七世紀から一八世紀半ばまで持続する。中世後半から持続的な成長が可能な経済社会へと変化して、人口も増加し、戦国時代から織豊政権・徳川幕府成立期に成長が加速したとするのである。一四五〇年から一八五〇年は世界的に気温が低下傾向を示す小氷期と理解されており、これらの推計では、その時期に農業生産力や人口が上昇しているのである。

## 気温と農業災害

「草木葉枯れ、偏《ひとえ》に冬気の如し、稼穀皆損亡す」（『吾妻鏡』寛喜二年〈一二三〇〉八月八日条）など、極端な夏の異常低温が農業生産にマイナスであることは十分認識されていた。しかし冷害は低温・日照不足により、生育全体が遅れて減収となる遅延型と、穂ばらみ期や出穂・開花期の一時的低温によって受精が阻害される障害型とに、大きく原因が分類されるように、低温の影響の出方は単純ではない。遅霜《おそじも》などは直接に作物に損傷を与えるため、霜害《そうがい》の表現は古代より確認できるが、旱魃・水害などと並列されるような冷害概念は古代・中世の史料には発見できないのである。寛喜の飢饉のような突出した事例を除けば、不作との因果関係が把握しにくい場合があることや、なによりも旱・水・風・虫害の影響の方がはるかに顕著であったためであろう。

なお近世以降、東北地方に厳しい冷害・飢饉をもたらした主因とされるのが、東北北部で「やませ」と呼ばれるオホーツク海高気圧から吹き出す寒冷な東風である。津軽山崎家の家記『永禄日記《えいろくにっき》』永禄八年（一五六五）条に「夏中東風強く、六・七月蟬《せみ》の声一向聞かず、（中略）八月五日大山せ吹き候て稲黒く相成り候、大豆の葉も赤くか（乾）はき候、当年は昔より覚えなき大凶年」とあるように、中世末には「山せ《やま》」の語やそれを原因とする凶作を確認できるようになる。

第二章で検討するように、高温期であった平安時代前期には旱魃が人々を苦しめており、高温＝高農業生産力は、適切な降水量や灌漑施設の整備に支えられて初めて現象するのである。灌漑施設がまだ十分には整わなかった中世、とりわけ前期においては、気温の高さが高農業生産力を意味することにはならない。また気温が低下したといっても、直《ただ》ちに冷害・飢饉に帰結したわけではない。気温や降水量の変動が社会に与える影響についてはまだ検討が始まったばかりであるが、気温の高低をそのまま生産力に結び付けて社会変動を説明することはできないのである。

天明の飢饉・天保の飢饉など、確かに近世の飢饉は冷害によるものが多い。近世では米の収量を支配の基軸にした石高制《こくだかせい》が採用され、生産された米は地方から中央へ運ばれていく。一七世紀には、畠作の比重が高かった東北各地でも、新田開発が急速に進み、次第に米作地帯に変貌していくため、冷害の影響は東北地方に集中的に現象することになる。冷害が最大の飢饉要因となる近世と中世とでは、農業生産のあり方や流通システムなどに大きな違いがあったのである。

## 4　中世の災害観

### 災害はなぜ起こるのか

次に中世の災害に対する認識を概観しておきたい。古代では、災異《さいい》（天変地異）は自然現象ではなく、失政への天の譴責《けんせき》、神の祟《たた》りと意識された。災害発生を天皇の徳の衰微ととらえる認識は、天が天子の不徳・失政に感応して、忠告あるいは懲罰として天変地異を出現させるという中国の儒教的災異思想にもとづくもので、支配者は徳治・善政で災異に応じるべきとされた。一方で、災異を神霊の祟り・怒りとする伝統的な観念も強く、国土に生起する災害は、天皇・朝廷が責任を持って回復を祈らねばならず、神社への奉幣《ほうへい》（神への供物の献上）とともに、さまざまな護国経典《ごこくきようてん》の読誦《どくじゆ》によって、これを除こうとした。九世紀までは天皇の治世を嘉する祥瑞《しようずい》（喜ばしい前兆）の出現を機に改められることの多かった年号は、一〇世紀以降は天変や災害などによる災異改元《さいいかいげん》へと変化し、さまざまな災厄を攘《はら》い避けることを主目的とするようになる。重大な災害が発生すると、諸社奉幣や諸大寺を動員して仏事につとめ、改元・大赦《たいしや》（罪の赦免）・賑給《しんごう》（困窮者への食料などの給付）などの徳政的措置が講じられていくのである。

中世になると、宗教のあり方も変化する。古代の神仏は人間に対して超越的・絶対的存在であったが、中世では人々の願いや行動を映し出す性格を帯びる。怨霊《おんりょう》は九世紀初頭に仏教者によって造り出された言葉で、さまよう霊魂を成仏させることができる仏教が主導したが、平安後期には、怨霊が国土に災害をもたらし、人々に損傷を与えるとする意識が強くなる。仏教が社会へ深く浸透していく中世では、現世における人間の善悪の行為を、冥界《みょうかい》（人間の眼に見えない世界）における善神・悪神の対決に連動させ、冥界における戦いが現世における自然現象を左右するという意識が人々をとらえていく。仏教を妨げる悪鬼・天魔などが、社会的秩序の混乱やさまざまな災害の原因と解釈され、現世に生きる人々は宗教的善行に励むことで、圧倒的な自然の猛威に対処しようとしたのである。

正嘉元年（一二五七）、地震や飢饉を鎌倉で体験した日蓮は、悪法を広める諸宗の根絶を求めて、『立正安国論《りっしょうあんこくろん》』を執権北条時頼《ほうじょうときより》に提出する。そこでは地震や大風などの天変地異や飢饉・疫癘《えきれい》（疫病）が次々に起こる理由を、さまざまな経典を論拠に、世の人々が正しい仏法に背いて邪法を信じているため、善神がこの国を捨て去り、聖人も立ち去って帰ってこないので、国土には悪鬼が満ちあふれ、災難が続出したと説いている。弘安三年（一二八〇）二月の日蓮書状（『鎌倉遺文』一三八六六）も興味深い。「昔釈尊《しゃくそん》の御前にして、諸天・善神・菩薩《ぼさつ》・声聞《しょうもん》、異口同音に誓をたてさせ給て、もし法華経の御敵の国あらば、或は六月に霜霰《あられ》と成て、国を飢饉せさせんと申し、或は小虫と成て五穀をはみ(食)失はんと申し、或は旱魃をなさん、或は大水と成て田園をなが(流)さんと申し、或は大風と成て人民を吹殺さんと申し、或は悪鬼と成てなやまさんと、面面に申させ給き」と、釈迦の前で法華経の敵となる国に対しては、諸天・善神らが霜害や虫・旱・水・風害などになって苦しめることを異口同音に誓ったという。善神も法華経に敵対すれば、災害を起こすのである。

このような災害観は中世ヨーロッパとも共通したものがある。ヨーロッパでも自然災害の観念はなく、災害や飢饉は個人あるいは集団の誤りに対する神の罰・警告と考えられており、災厄への有効な対処は、贖罪《しょくざい》のために、貧者への施しや聖遺物への祈願を行い、宗教行列を組織することであった。

## 中世初期の災害認識

では『方丈記』が描いた災害に即して、当時の認識を確認しておこう。平安京においては、火災は日常的でかつ最大の災害であったが、安元三年（一一七七）大火は大極殿が炎上した未曾有の規模のものであった。失火が強風にあおられて燃え広がっていったのであるが、『玉葉』同年四月二八日条は、陰陽寮《おんみょうりょう》から天体の異変（災厄の兆候）が報告されていたことなどをふまえ、大火も政治が社会的混乱に対処できていない報いと断じている。また、『平家物語』巻一や『源平盛衰記《げんぺいじょうすいき》』巻四では、大火の原因を日吉山王《ひえさんのう》神の祟りととらえる。この時には、伊勢神宮への奉幣や桓武天皇陵などへの山陵使の派遣、字形にどちらも「水」を含む治承への改元などがなされた。

治承四年（一一八〇）の辻風も、その異常さが多くの記録に記されているが、『玉葉』同年五月四日条によれば、陰陽師が持参した辻風に関する占文《せんもん》は、君主の失政に原因を求め、飢饉や戦乱が勃発する可能性を指摘するものであった。養和の飢饉ではどうであろうか。同五年七月一五日条では、連続する炎旱・飢饉・関東以下諸国謀反《むほん》などにどう対処するかという後白河院よりの諮問に対し、九条兼実は神仏への祈禱と徳政的対応を強調するが、具体的な飢民救済策などは全くふれてはいない。朝廷にとってなによりも重視すべきなのは、当時の災害観にもとづく徳政と仏神事であり、民衆は形式化した徳政の対象として位置づけられているにすぎないのである。

元暦二年（一一八五）地震でも、さまざまな解釈が試みられた。権中納言吉田《よしだ》経房《つねふさ》の日記『吉記《きつき》』同年七月一〇日条に、朝廷で当時最高位の卜占《ぼくせん》（うらない）である軒廊御卜《こんろうのみうら》が行われ、地震の原因が神の祟りであると神祇官・陰陽寮がともに占ったものの、両者の解釈は食い違っていたとする。『玉葉』同月二七日条などからは、地震の原因を源平の争乱によって死者が国に満ち、罪業が深く重なったため、天神地祇《てんじんちぎ》（天の神と地の神）の怒りをかったという理解が広がっていたことが知られ、『平家物語』巻一二では、原因を安徳天皇や平家一門の怨霊に求めている。一方、『山槐記』同月九日条や慈円《じえん》の『愚管抄《ぐかんしょう》』は、大地に棲む竜（竜王）が動いて地震を起こしたとする。それでも結局のところ、祈禱と徳政で対応するよりほかはなかった。

権力の中枢にいた兼実の『玉葉』などでは、火災や地震などの情報収集は詳細であるが、飢饉では兼実周辺に直接被害が及ぶことがないためか、被害実態に関する言及は少なく、具体的対策も議論された形跡は乏しい。彼らの関心は、社会上層部とその物理的基盤に集中していたのである。災害が起こると、徳政的措置と仏神事の興行による原因の解消がなによりも優先されたが、このような意識が強いほど、具体的な被害救済や復旧対策は副次的個別的なものとなり、国家が主導的役割を果たすことは少なくなる。

なお、五つの「世の不思議」が起きた時期に、京都は何度も台風や洪水にみまわれている。水害などの記述がないのは、繰り返し発生し、ある程度の予測と対応が可能であったため、「世の不思議」とは意識されなかったと考えるほかはないだろう。京都では早くから鴨川《かもがわ》の堤防修築にあたる防鴨河使《ぼうかし》などがおかれて、度重なる洪水に対処してきたが、一二世紀後半からは、国家による堤防修造がなされない状況になっていく。経験的に予測しうる水害においては、被害は身分などによって規定された居住場所に左右される部分が大きく、その意味でも「世の不思議」ではなかったのである。

このように中世における災害観は神仏への信仰と深く関わっていた。人々は災害の前兆にも細心の注意を払っており、星や月・太陽、空の光やさまざまな気象現象、寺院や神社・塚での異変などをその予兆ととらえた。中世では、朝廷や幕府をはじめ、地域社会のさまざまなレベルに、それぞれの方法で変異を読み取り、解釈する陰陽師《おんみょうじ》や神官・僧侶が配置されていたが、彼らは国土の災害や人々の受ける災難の原因を探るとともに、経典に解決法を求め、神仏に祈禱することによって消除しようとした。祈雨・止雨や、風水害・火災・地震・疫病などから逃れることを目的とした祈りが、朝廷・公家や幕府から民衆に至るまで重層的に行われた。

災害・災難への対応から、多種多様な信仰が生まれたのであり、災害の歴史は神仏に対する信仰創出の歴史でもあったのである。それは人の持つ諸技術よりも、自然の力が圧倒的に優位に立っていた歴史的段階の反映にほかならなかった。

## 5　中世の災害対応

### 宗教的対応

災害をある程度押さえ込むことが可能となった近現代とは異なり、中世においては災害発生を前提に社会が組み立てられていた。災害への対応は階層を超えた地域社会共通の課題であったが、時として膨大な復旧コストがかかる災害が発生するのであり、被害の克服をめぐって、支配のあり方もまた変貌を余儀なくされた。中世における災害対応は、①宗教的対応、②工学的対応、③農学的対応、④社会的対応に整理することができる。代表的な農業災害である旱害・水害・風害・虫害への具体的な対応については各章で述べるが、ここでは全体的な性格づけをしておきたい。

これまで述べてきたように、中世の災害観と結び付いて、朝廷や公家が最も精力を投入したのが宗教的対応である。災害の性格によって多様な形態がとられたが、災害消除の代表的な経典として仁王経《にんのうきょう》や大般若経《だいはんにゃきょう》は、中世社会に深く浸透していく。奈良時代では鎮護国家の仏教法会が重視されており、仁王会《にんのうえ》はさまざまな災害から国を護るため、百の高座を設けて百人の講師を呼び、仁王経を講説させたものであった。九世紀には、天皇の即位後一代一度の仁王会と除災・防災に重点がおかれた臨時仁王会が成立し、一〇世紀後半頃に春秋二季化によって、防災機能が強化されていく。承久の乱を契機に、鎌倉幕府も鶴岡八幡宮で仁王会を主催し始め、次第に全国各地で、天皇から百姓に至るすべての安穏を祈願する法会として、重層的に実施されるようになる。仁王会は、中世を通じて除災儀礼として浸透し、経文にある「七難即滅七福即生《しちなんそくめつしちふくそくしょう》」という語句は、広く知られていくのである。

大般若経も災害を除き、国家を安寧にするため、八世紀から用いられた経典であった。九世紀には災害を未然に防ぐため、宮中で春秋二季に大般若経を転読《てんどく》させる季御読経《きのみどきょう》が成立する。やはり「攘災招福」「攘除災疫」などのため、地域社会に広く受容されていくのであり、たとえば仁治二年（一二四一）の肥前国河上神社《かわかみじんじゃ》（現佐賀県佐賀市）では、「長日大般若」「四季大般若」「祈雨大般若」、「長日仁王講」「毎月五箇日仁王講」「朔日仁王講」などのための田地が設定されていた（『鎌倉遺文』五七四三）。大般若経や仁王経に関わる費用が社会的必要経費と認められ、年貢を免除する形で荘園・村落の財政に組み込まれている事例は多く確認できるのである。

現在、各地で行われている勧請縄《かんじょうなわ》・勧請掛《かんじょうがけ》は、年頭に外部からやってくる邪霊を払うと

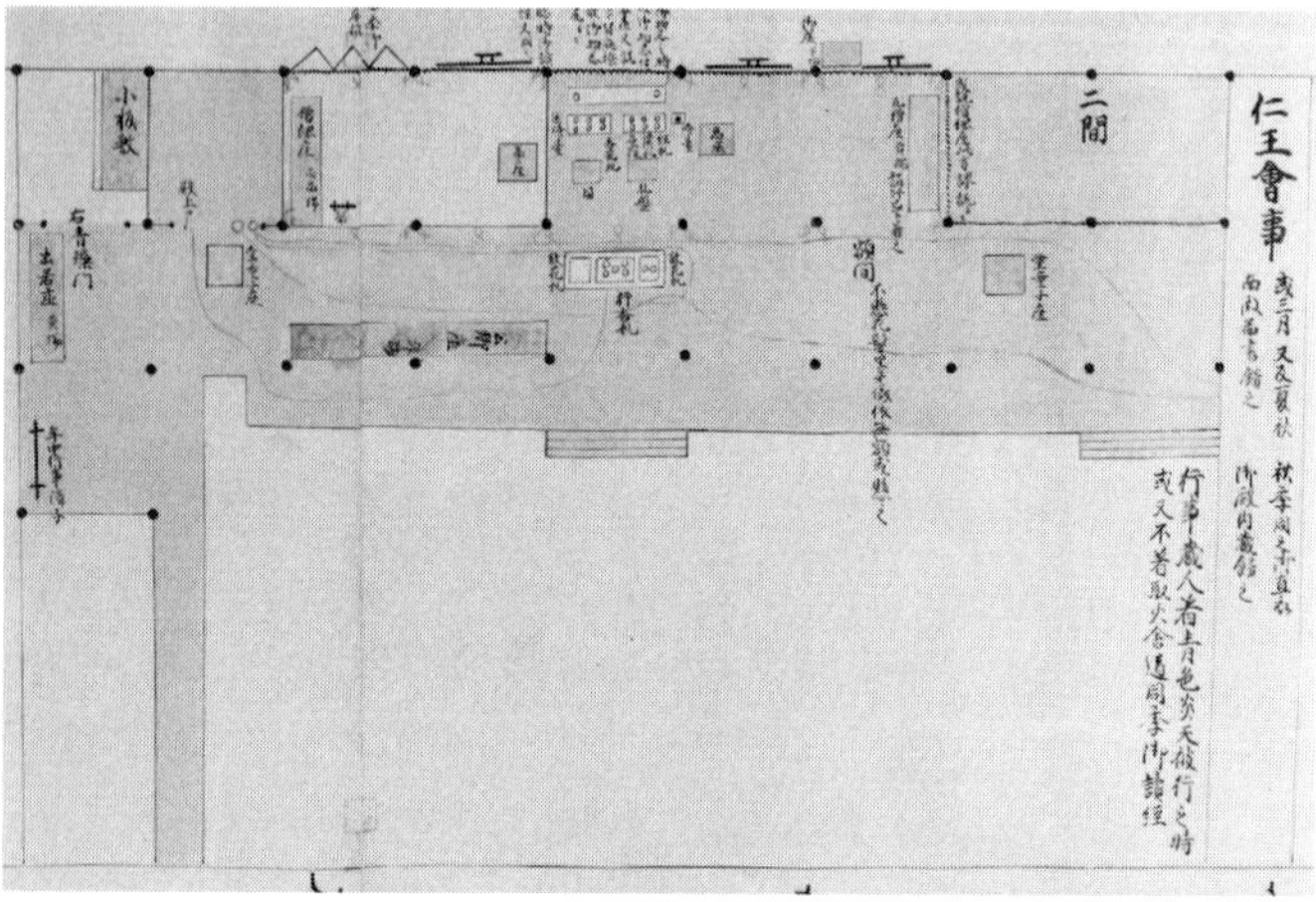

図３　仁王会図（『雲図抄』より、宮内庁書陵部所蔵）

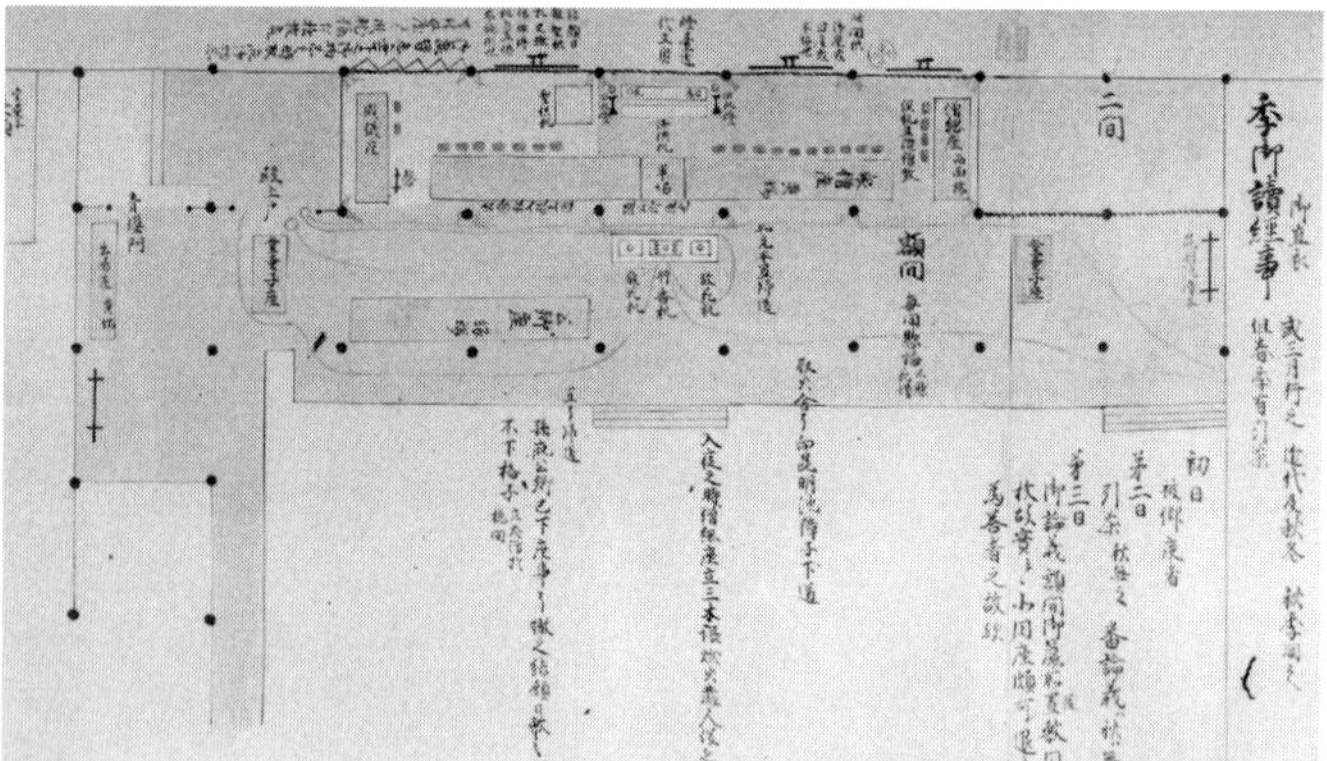

図４　季御読経図（同上）

ともに五穀豊穣を祈願し、村中安全を祈る行事であるが、多くは集落境で実施される。滋賀県彦根市の松原内湖《まつばらないこ》遺跡《いせき》からは、元徳三年（一三三一）正月八日の年紀を有する仁王経などの転読を記した巻数板《かんずいた》や卒塔婆《そとば》が出土している。応永一四年（一四〇七）成立の説話集『三国伝記《さんごくでんき》』巻三―一二には、飢饉や疫病に苦しむ人々を救済したいと悩む僧に対し、近江石山寺《いしやまでら》（現滋賀県大津市）の如意輪観音《にょいりんかんのん》が、正月八日に仁王経を読み、勧請縄を吊り、卒塔婆（祈禱札）を立てて信仰すれば、七難は即滅し、七福が即生すると教えたとある。巻数板は穴が空けられた形状から、勧請縄に吊るされたものと判断されるが、「正月八日」という日時や、「仁王経」「卒塔婆」といった文言も、『三国伝記』の記述と完全に一致する。現在においても、勧請縄を「仁王会」と呼んだり、「七難即滅」「七福即生」などと書かれた祈禱札がセットになる例が確認できる。国家レベルで実施されていた災害除去の儀礼が、民衆の願望を吸収しながら村落レベルにまで浸透・定着していったことを示す典型的な事例である。

なお、用語の問題であるが、本書では「集落」は人間生活の本拠である住居の集まり、「村落」は集落と耕地・山野などを含めた生産・生活のためのまとまり・集団として使用している。

図５　東近江市下麻生の勧請掛（道に掛かっていたものを鎮守山部神社に移動）

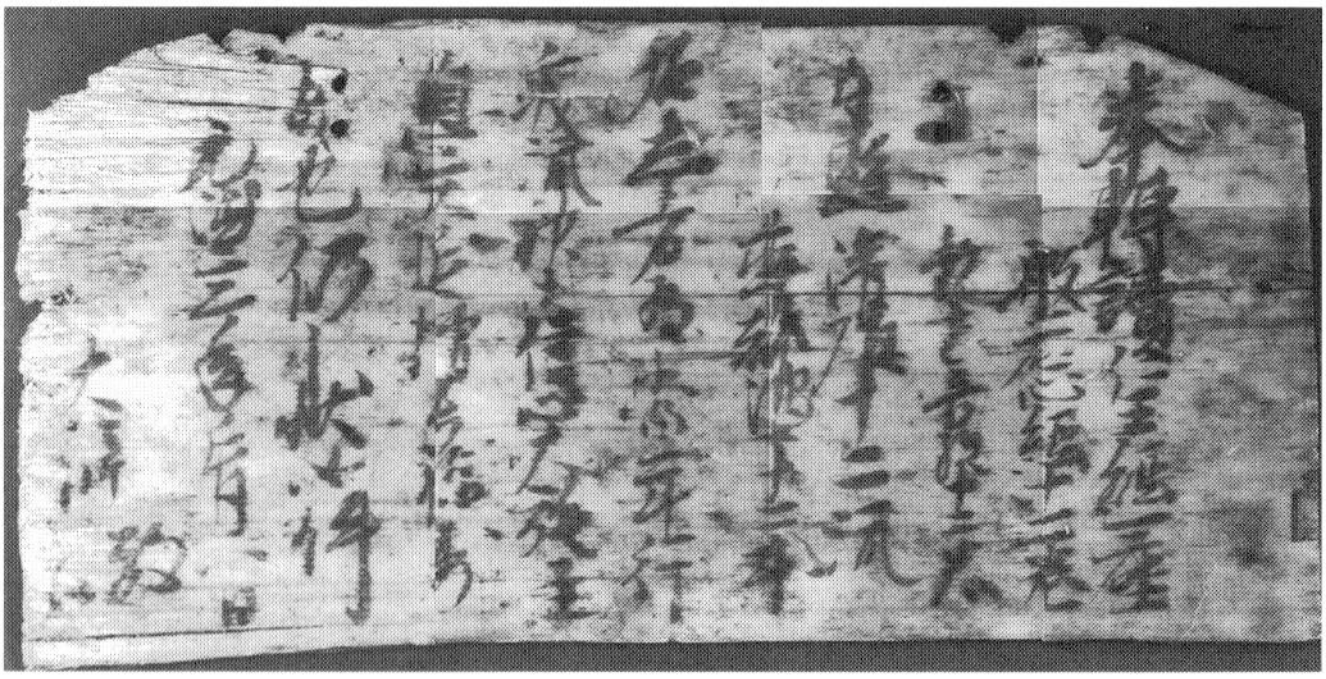

図６　巻数板（松原内湖遺跡出土、滋賀県教育委員会提供）

## 災害対応と領主

工学的対応は、土木・建築技術を基礎に、築堤や河川の改修、建造物の強化などの物理的手段によって災害被害を最小限に食い止め、速やかな復旧を図るものである。近世以降、現在に至る災害対策の根幹となったのが、この工学的対応であった。また農学的対応は、気候や土地条件などの変化に合わせて、より適合的な作付け、品種の選択や生業複合などを行い、農業生産上のリスクを低下させるものである。たとえば島畠《しまばた》は、災害復旧にあたって、耕地を水田と洪水堆積物を集めた畠地とに分けて作り出したものである。

現代的な意味においては、宗教的対応の実効性は乏しいが、当時の技術力には限界が多く、宗教的対応の果たす役割は大きかった。圧倒的に自然の力が優越した社会であったため、未熟な技術を尽くしたうえで、超越的な自然に働きかける祈禱が大きな意味を有していたのである。中央の有力寺院では工学や農学などのさまざまな知識・技術が集積されており、それらは社会に広く張り巡らされた宗教的ネットワークを通じて、地域社会に定着していく。宗教と技術は不可分の関係で展開するよりほかはなかったのである。

それに対し社会的対応は前三者とは性格を異にしており、イエ・村落・村落連合などのさまざまなレベルの社会集団を組織強化して、災害に対処していくものである。イエや村落レベルの災害対応は、人々にとって最も身近なものであったが、文献史料には残りにくい部分でもある。宗教・工学・農学的な災害対応も、このような社会集団が母体になるが、災害と闘う過程で、集団の力量が鍛えられ、社会編成のあり方も大きく変化していく。

中世において中央貴族や国家的大寺社などは、自らの経済的基盤として荘園を支配した。荘園領主として彼らは、その範囲内で荘園現地と関わり、また一定の財政支出も行う。災害対応は領主の義務でもあったが、災害をきっかけに荘園維持や管理のコストが増大することも多い。洪水の常襲《じょうしゅう》地帯など、相対的に不利な立地であっても、領主の膝下でその重要性が高い場合などには、荘園領主はその維持・存続に大きなエネルギーを注ぎ込むが、政治構造の変化もあり、遠隔地の荘園は多くが支配困難になっていく。中世後期に広がる代官請負制《だいかんうけおいせい》は、災害の有無にかかわらず、あらかじめ決められた年貢額の納入を契約するもので、荘園領主の負っていたリスクを回避するという目的も含まれていた。

生産・生活の場としての村落を基礎に、世代を重ねながら自然の猛威に立ち向かっていた地域住人の役割が次第に大きくなるが、彼らの開発もまた、新たな災害の危険性を増大させる。生存のためのより多くの負担と、新たな社会組織が求められることになるのである。

## 6　中世社会と災害

中世社会では、災害を人力で封じ込めることは困難で、日常的に発生する被害をいかに許容範囲内に止めるかが課題だったのであり、そのなかで村落や地域社会、領主の力量が試された。災害は生存のためのコストを、だれがどのように負担するのかという問題でもあり、社会の特質を考える重要なポイントとなる。

平安時代末には中世的なイエや村落の原基形態が成立し、やがて集村化（イエを一ヵ所に集め、耕地・水利条件などを含めて、村落全体を再編・強化する動き）などを経て、現在につながる村落が形作られていく。多様な自然環境に対応した生存の仕方が村落景観に反映されていくが、それは災害への対応をも含めて展開したのであり、堤防や水防・防風林、環濠や囲堤《かこいづつみ》、水塚《みずか》など、さまざまな装置をそのなかに組み込んでいった。

災害除去の多様な宗教儀礼も、けっしてそのまま中央から現地へ下降・定着するのではなく、このような村落や村落連合などを介して、さまざまに解釈され、変容しながら、受容されていったのである。中世の人々は持っている知識・情報を総動員して災害に立ち向かったが、当時の未熟な技術レベルでは、宗教的対応が優先せざるをえなかった。災害に対する経験的知識が蓄積され、新たな技術が獲得されていく過程で、宗教的対応が相対化されていくが、それは戦国時代以降まで下るのである。

# 第二章　旱害と中世の耕地・用水

## 1　降水量不足がもたらす問題

第一章で確認したように、九～一一世紀は高温期で、また一〇～一一世紀前半は降水量が少ない。これまでにも地球温暖化を念頭に、九世紀後半から一一世紀前半を炎暑・旱《かん》魃《ばつ》・凶作・飢饉《ききん》・疫病関係史料が多く出現する「慢性的農業危機」の時代とした問題提起があった。また祈《き》雨《う》の記録が、八世紀頃より増加して一〇世紀にピークを迎え、一二世紀に減少することを、気候変動との関係から検討した研究もある。最近では、一〇世紀は降水量の最も少ない世紀で、特に中葉には少雨と高温の夏が数十年続いたとして、「一〇世紀の気候的危機」と呼び、国家的な宗教政策に明瞭な変化が起きたとする議論がある。

これらの現象は、確かに気温・降水量の変動と深く関わるが、それとともに、この時期の耕地のおかれていた状況が旱害発生の重要な要因になっていた可能性もある。やがて一一世紀後半からは用水をめぐる紛争が激しくなり、一二世紀には荘園を単位とした水源確保や水利体系の整備が進行する。条里地割の施工は八・九世紀に遡る場合もあるが、一二世紀頃に広く展開していく地域も多いのである。

なお、降水量不足がもたらす影響は、農業災害だけではない。降水量が少なく、祈雨などの旱魃史料が集中する寛弘元年（一〇〇四）には、京都では井戸が干上がっている。藤原道長の日記『御堂関白記《みどうかんぱくき》』同年一一月七日条には、「夏より旱《ひでり》、なお同じく京中の井水四条以北尽く、鴨河《かもがわ》辺に至るも同じ、河三条以北尽く」とあり、北から高へ緩やかに傾斜している京都盆地では、四条以北で井戸水が干上がり、鴨川の水も三条以北では涸《か》れてしまったという。嘉承二年（一一〇六）にも、人々の宅の井水が涸れたとある（『中右記《ちゅうゆうき》』同年一〇月一九日条）。都市では、旱魃によって生活用水の不足に陥ったのである。

集中豪雨などで発生する水害は範囲が限定され、短時間で発生することがあるのに対し、旱魃は発生までに一定の時間がかかるが、被害の空間スケールは大きい。そのため、大飢饉の原因となる場合も多いのである。これまでは、降水量や気温の確かなデータが存在しなかったこともあり、旱魃の実態や対応についての本格的な検討はなされてはこなかった。本章では、旱魃が最も猛威をふるった平安時代を中心に、その実態と対応を明らかにし、中世社会にどのような影響を与えたのか考えていきたい。

## 2　平安時代の旱魃と耕地

### 大田犬丸名の耕地

いうまでもないが、農業生産、とりわけ稲作においては、気温と降水量が決定的に重要である。図2に示した年ごとの旱魃史料の件数は、酸素同位体比から復原される降水量変動とよく対応しており、旱魃史料が多い年は夏季湿度の低い年（グラフが上に振れる年）と重なる場合が多い。水害は局地的に発生し、地形や河川環境などに規定される側面も大きいため、個々の水害は全体的な降水量データと一致しないケースがあるが、旱魃は一致する度合いが高い。

平安時代、特に一〇世紀・一一世紀前半は、旱魃がほかの災害を圧倒して頻出しており、最も影響の大きかった時期といってよい。またこの時期は、従来から不安定耕地や未開発地の多さが指摘されてきた。開発の進んでいた大和国でも、全体に占める水田の面積比率は相対的に低く、畠地や荒廃した耕地、未開地などがかなりの部分を占めていた。水田も連年耕作されていたわけではなく、実際に作付けされた現作率《げんさくりつ》はさほど高くはない。たとえば弘福寺《ぐふくじ》領広瀬荘《ひろせのしょう》（現奈良県広陵町）では、二〇町ほどの田地のうち、寛弘三年（一〇〇六）の現作田は一一町九段七四歩、長和二年（一〇一三）は一四町ほど、永承五年（一〇五〇）では九町四段一二〇歩、延久四年（一〇七二）は一二町二段二九五歩であった（『平安遺文』四四四・四七三・六八三・一〇八九）。なお一町の面積は、長さ一町（約一〇九メートル）四方で、一ヘクタールに近いがやや広く、一町は一〇段（反）、一段は三六〇歩である。

また耕作しても、収穫のあった得田《とくでん》となかった損田《そんでん》が発生し、損田の比率はかなり高かった。このような耕地の不安定さの最大の要因は、微地形《びちけい》（地表面の微細な起伏）に規制された水利条件とされており、のちに溜池《ためいけ》などによる灌漑《かんがい》条件の整備や、水田面を地下げし、掻《か》き上げた土で島畠《しまばた》を造成するなどして、微地形条件を克服し、土地利用の集約化が進むとされてきた。

大和国大田犬丸名《おおたいぬまるみょう》を素材に、もう少し具体的にみておこう。東大寺は、大和国の役所（国衙《こくが》）から毎年大仏に供える白米三五石五斗（一石は一〇斗、一斗は一〇升、一升は一〇合）などを給されていたが、次第に国衙からの納付が困難になり、一〇世紀の末頃から、特定の田地（免田《めんでん》）が指定されて、東大寺へ直接納入することになった。大田犬丸名は、

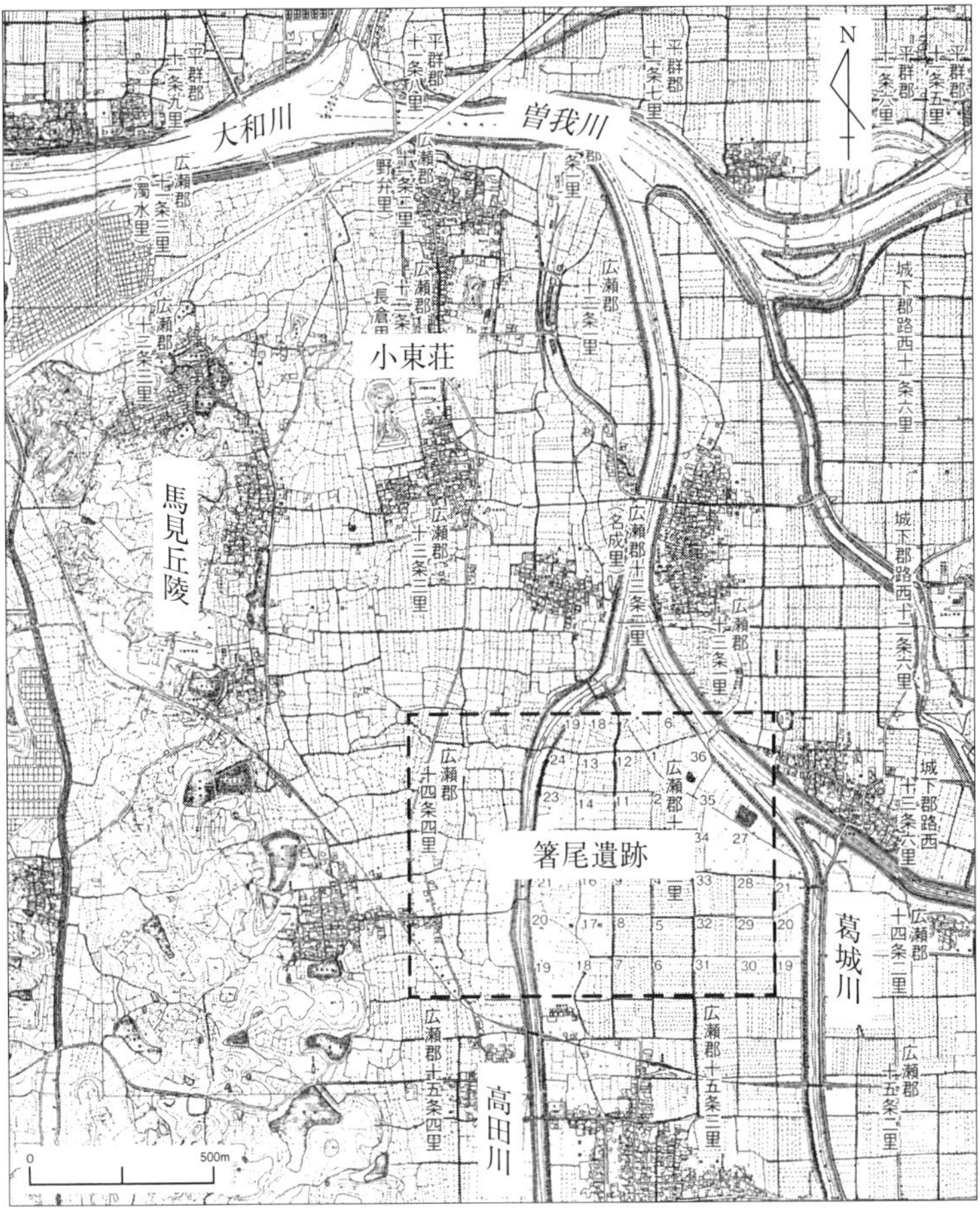


図7　箸尾遺跡と小東荘周辺地形図

| 備　　考 |
|---|
| 「損」二段（京都、洪水『扶桑略記』など） |
| 「干損田四町七段」（六・七両月、天下旱魃『扶桑略記』など） |
| 「損一段」（炎旱之比、太難堪事也『春記』） |
| |
| （京都、大風） |
| 「干損田七段」（疾疫流行天下『百錬抄』） |
| （天変恠異『百錬抄』など） |
| 「損」一反（京都、雨降人称甘雨『水左記』） |
| 「旱損已」（旱魃（『平戸記』、炎旱（『皇代記』など） |
| 「干損一町一反」（旱、『樗嚢抄』） |
| 「干損田一町二反半」 |
| 「干損田二町二段百八十歩」（祈雨、（『東寺王代記』など） |
| （京都、大雨・大風『皇年代私記』） |
| 「損田一丁一反」（京都、大雨大風『皇年代略記』） |
| （讃岐、大風『東寺百合文書』） |
| 「旱損已」（疱瘡・旱魃、『平戸記』『百錬抄』など） |
| 「干損田一丁六反百廿歩」（京都、大雨・洪水『扶桑略記』『百錬抄』） |
| （請雨経法、炎旱、『扶桑略記』『百錬抄』など） |
| 「水損田二段」（京都、大雨大風『中右記』） |
| （京都、祈雨、炎旱・旱、『中右記』『殿暦』など） |
| 「干損」四反、「損」一反、「不」一反（炎旱、止雨、『中右記』『殿暦』など） |

表１　大田犬丸名田数

| | 年次 | 西暦 | 坪数 | 田　数 | 損　田 |
|---|---|---|---|---|---|
| | | | | 町　反　歩 | 町　反　歩 |
| 第一期 | 永承１年 | 1046 | 21 | 4. 3. 240 | 2. 0 |
| | 永承２年 | 1047 | 32 | 6. 2.　80 | 4. 7. |
| | 永承３年 | 1048 | 32 | 9.　300 | 1. |
| | 永承４年 | 1049 | 30 | 6. 6. | — |
| | 永承５年 | 1050 | 31 | 10. 4. 260 | — |
| | 永承６年 | 1051 | 34 | 9. 2.　20 | — |
| | 永承７年 | 1052 | 35 | 10. 5. 260 | 7. |
| | 天喜１年 | 1053 | 23 | 5. 4. | — |
| | 天喜２年 | 1054 | 37 | 12. 8. 180 | — |
| 第二期 | 康平７年 | 1064 | 34 | 7. | 1. |
| | 治暦１年 | 1065 | 34 | 1. 4. 240 | 1. 4. 24 |
| | 治暦２年 | 1066 | 10 | 2.　180 | 1. 1. |
| | 〃 | 〃 | 14 | 2. 6. 300 | 1. 2. 18 |
| | 治暦３年 | 1067 | 15 | 5.　180 | 2. 2. 18 |
| | 治暦４年 | 1068 | 15 | 4.　120 | — |
| | 延久１年 | 1069 | 30 | 7. | 1. 1. |
| | 延久２年 | 1070 | 27 | 7. | — |
| | 延久３年 | 1071 | 32 | 7. | — |
| 第三期 | 承保３年 | 1076 | 48 | 12. 9. 240 | — |
| | 承暦１年 | 1077 | 45 | 12. 7. 300 | 3. 30 |
| | 承暦２年 | 1078 | 47 | 12. 9. 300 | 1. 6. 12 |
| | 永保２年 | 1082 | 42 | 12. 8.　20 | — |
| | 嘉保２年 | 1095 | 33 | 11. 2. 340 | 2. |
| | 嘉承２年 | 1107 | 35 | (9. 3. 120) | — |
| | 天仁１年 | 1108 | 62 | 14. 4. 260 | 6 |

広瀬郡にあった国衙領の徴税単位で、東大寺の大仏供白米免田に割り宛てられ、やがて面積や場所が固定されて、東大寺の支配権が確立する。天養元年（一一四四）には畠・屋敷なども東大寺領と認められ、地域的にまとまった四十数町におよぶ小東荘《こひがしのしょう》（現奈良県河合町・広陵町）が成立する。

この過程で作成された永承元年から天仁元年（一一〇八）までの二四通の文書が残されており、それらは三時期に区分される。第一期（永承元年～天喜二年）は国衙領の徴税単位の段階で、面積は最小四町三反余から最大一二町八反余の間を増減している。第二期（康平七年～延久三年）は東大寺大仏供白米免田の時期であったが、毎年場所が変動する浮免《うきめん》で面積の増減も大きい。それに対し第三期（承保三年～天仁元年）になると、免田の場所が固定（定免化《じょうめんか》）されていく。

この一連の文書には、条里にもとづく坪ごとの耕地面積や全体の税額が記されているが、課税が不能となった損田の内容が知られるケースも多い。表1は各史料の田数・損田面積を整理したもので、備考には損田の内容記述がある場合はそれを示し、あわせて『日本中世気象災害史年表稿』などから当該年の災害記事を記している。これから明らかなように、「水損」と明記されているのは一例のみで、損田のほとんどは旱害であった。また、大田犬丸名のうちには「造畠」という地目《ちもく》がみられる（『平安遺文』六七四・一一五九）が、これは灌漑条件から畠地として利用した田地と考えられている。高田川《たかだがわ》・葛城川《かつらぎがわ》・曾我川《そがかわ》が大和川《やまとがわ》に合流する当該地域は、近年まで水害の常襲地《じょうしゅうち》であったが、平安時代には全く異なった耕作状況下にあったのである。

### 遺跡と条里

荘域は広瀬郡一二条から一四条に属する南北三里・東西二里におさまる。この地域には、当時は大田犬丸名が存在するのみで、他領の入組みは認められず、屋敷は散在的で、低湿地をさけ、飲料水の確保できる所が選ばれていた。現地調査によれば、耕地の灌漑には高田川・大和川などの大河川は関係しておらず、小規模な溜池が中心で、旱魃にはきわめて弱い。

近年、荘域と一部重なる箸尾遺跡《はしおいせき》の発掘調査が実施された。それによれば、この地域における条里水田の開発は、一一世紀の0期から始まるが、現況のような全域を覆うものではなかった。0期水田が洪水により埋没したのち、Ⅰ期耕作遺構が形成される一二世紀後半には耕地が拡大し、Ⅱ期には一三世紀中頃の洪水によって埋没した水田の復旧が行われ、洪水後の処理として洪水砂を積み上げた島畠が造成される。なお、条里水田開発以前には、低地に非条里型の小区画水田が営まれていた。また多くの調査区において畠地として利用された微高地《びこうち》がみられ、一部はⅠ期に始まり、Ⅱ期に盛行する。Ⅰ期・Ⅱ期段階ではソバ・コムギ・ナス・ウリ類・マメ・ゴボウなどの草本類のほか、クワ・ナシ・ウルシなどの食用・有用樹木が検出されている。

これまでの研究では、大田犬丸名の劣悪な立地条件、すなわち池溝の不完全性・小規模性といった未熟な灌漑技術や炎旱《えんかん》などが、坪や耕地面積の変動の原因とするが、これはけっして大田犬丸名の特徴ではなく、この時代の耕地全般の問題であった。一一世紀からは条里地割をともなう開発が進行したが、大規模灌漑施設がすぐに構築できたわけではなかった。耕地状況から、用水供給が不十分であったことは間違いないが、畠地などを組み合わせて、水田の不安定さを補っている。一三世紀後半には、集村化（屋敷地や耕地などを含む村落全体の再編成）や灌漑施設の整備が進み、現在奈良盆地で広くみられるような条里水田と島畠からなる景観ができあがるのである。

各地の遺跡から判明する条里地割の施工時期は、早い事例では七・八世紀に遡るものもあるが、大和盆地では一一世紀を遡る例は多くないなど、偏差は大きい。何条何里何坪という条里呼称法による土地表示システムそのものは八世紀に完成するが、条里地割はそれ以降も、一〇世紀〜一二世紀にかけての国司・国衙による土地管理が行われた段階、一二世紀以降の荘園が土地支配の単位となる段階で、それぞれに形成・維持・展開していく。古い条里地割が地下に埋没している場合も多く、現地表面に受け継がれる安定的な条里地割・水利システムは、時期が下るものが少なくない。律令国家の成立は、そのまま生産基盤としての条里地割の全面的展開を意味するのではなく、当然灌漑施設の整備も限定的なものでしかなかった。

　この時期に多発した旱魃の最大の要因は、気温の高さと降水量の少なさにあるが、灌漑施設が十分には整備できていないという制約も大きく、そのために、損田・荒田や畠地が多く出現していたのであった。これが平安時代の水田をとりまく全体的環境である。なおこの時期の田堵《たと》（農業経営者）は、荘園・公領を「諸方兼作《しょほうけんさく》」「寄作《きさく》」する請負経営を行っていたが、そのような一定の流動性は、当時の耕地の不安定さに適合的であったといえよう。

## 不安定耕地と用水不足

　平安時代には、断続的に耕作される不安定耕地が多いことが早くから指摘されてきた。実際に耕作された「見《げん》（現）作《さく》」と、その年は耕作しなかった「年荒《ねんこう》」を反復する「かたあらし」が発生するが、その原因は灌漑用水不足による耕作中止と、地力《ちりょく》回復のための休《きゅう》耕《こう》に求められてきた。頻作《ひんさく》すれば収穫が落ちるため、消耗した地力の回復を目的とした休耕が計画的・人為的に行われたとするのである。「かたあらし」の語義や、地力回復のための休耕の有無などについては、まだ議論が続いている。また地力低下と雑草増加によって、水田の耕作放棄がなされたとする見解もあるが、雑草繁茂は耕作放棄の原因なのか、それとも結果なのか、まだ明らかにはなっていない。まず水田と畠地の土壌の特質について確認しておこう。

年間降水量が多く、酸性土壌が卓越する日本列島では、灌漑をともなわない畠地は、施《せ》肥《ひ》などの土壌管理技術を発達させない限り、多くの収穫が望めず、短期間で移動・休耕しなければならなくなる。それに対し水田では、水の作用によって、各種養分の有効化が促進され、また土壌中の病原微生物や害虫の発生が抑えられて、連作障害《れんさくしょうがい》も生じにくい。用水さえ確保できれば、土壌に無理をかけない程度の収穫量ならば、イネという作物を継続的に生産することが可能なのである。平安時代後期には畠地史料が増加し、二毛作も確認できる。土壌管理技術に支えられて連作が可能な常畠《じょうばた》とともに、短期間で移動・休耕する畠地も存在していたと推定されている。

東寺領丹波国大山荘《おおやまのしょう》（現兵庫県篠山市）は篠山川《ささやまがわ》支流大山川流域の山がちの地に開けた荘園で、康和四年（一一〇二）に中世荘園として確立した段階では（『平安遺文』一四八九）、田地九〇町六段・畠地七三町九段余で、田畠の比率は約五五対四五となる。畠地の比重がかなり高く、水田の現作率が約五〇パーセントなのに対し、畠地の現作率は約八三パーセントであった。表2にみえる「常々荒」は耕作放棄水田、「年荒」はその年に作付けされなかった水田であるが、連作障害や地力維持が問題となる畠地の方が「荒畠」の比率ははるかに少なく、数値的には安定的にみえる。

表2　康和4年立券坪付の内訳

| | | |
|---|---|---|
| 田 | 見（現）作田 | 45町1段25代 |
| | 年荒 | 27町6段35代 |
| | 常々荒 | 17町7段40代 |
| | （小計 | 90町6段00代） |
| 畠 | 作畠 | 61町5段45代 |
| | 荒畠 | 11町0段20代 |
| | （作不未詳）畠 | 1町2段40代 |
| | （小計 | 73町9段05代） |
| 山・野・川 | | 263町 |
| 栗林 | | 5町 |
| | 合計 | 432町5段05代 |

しかしその後の大山荘においては、水田の拡大と安定化が基本方向となっており、鎌倉時代以降は畠地の比重は低下していくのである。それは大山荘だけの特例ではなく、日本中世における耕地開発の一般的傾向といってよい。

養老田令《ようろうでんりょう》口分条は、口分田《くぶんでん》の班給面積などを規定した後に、「易田《えきでん》倍給」を定めているが、易田とは土地がやせていて隔年で耕作される田のことである。この易田は「かたあらし」と共通するとされているが、制度的には中国の影響を受けたもので、次の政府法令も出されている。弘仁一二年（八二一）六月四日の太政官符《だじょうかんぷ》（『類聚三代格《るいじゅうさんだいきゃく》』巻一五）は、河内国の交野《かたの》・丹比《たじひ》二郡で口分田を易田とみなし、規定の二倍の面積を賜ることを承認したもので、「当郡の土地墝薄《ぎょうはく》にして、ややもすれば旱災を憂《うれ》う」とある。土地がやせていて、旱魃に遭いやすいというのである。また、天長四年（八二七）六月二日の太政官符（同）は、和泉国三郡に計五〇〇町の易田をおくもので、「この国、地勢墝埆《ぎょうかく》にして、良田数少し、もし旱災に遭わば、国を挙げて焦損す、民氓《みんぼう》の彫弊《ちょうへい》、これに由《よ》らざるは無し」とあり、土地がやせて良田が少なく、もし旱魃が起これば、国中が被害を受け、民衆の衰弱はこの理由によらないものはないといっている。これらの法令では、土地がやせていることと旱魃を受けやすいことがリンクされており、旱魃への弱さが易田認定につながっている。やはり灌漑用水確保の困難さが、不安定耕地を発生させる最大の理由であろう。

## 旱害への対応

天平宝字七年（七六三）九月一日の勅《ちょく》（『続日本紀《しょくにほんぎ》』・『類聚三代格』巻七）に、「一旬《じゅん》の

亢旱《こうかん》無水の苦を致し、数日の霖雨《りんう》流亡の嗟《なげき》を抱く」とあるように、一〇日の日照りによって用水不足が発生し、数日の長雨によって水害が起きた。「炎旱旬に渉《わた》り、田畝《でんぽ》焦損」（『扶桑略記《ふそうりゃつき》』延長八年〈九三〇〉六月二六日条）、「炎旱旬に渉り、天下愁《うれい》を致す」（『小右《しょうゆう》記《き》』寛和元年〈九八五〉六月二八日条）など、「炎旱旬に渉る」という表現は、平安・鎌倉時代にはよくみられ、一〇日の高温・乾燥で旱魃になっていた当時の状況をよく示している。文永五年（一二六八）頃、「一向《いっこう》天水を憑《たの》む御領」であった東大寺領大和国福田荘《ふくだのしょう》（現奈良県斑鳩町）では、「数日の炎旱」で作物が損亡したため、税負担免除が要求された（『鎌倉遺文』一〇四八八・一〇四八九）。用水施設の整備が不十分で、天水《てんすい》（自然の雨水）に頼るような荘園では、容易に旱魃被害を受けたのである。

イネは田植えの時期と、幼穂《ようすい》の形成から穂ばらみ・開花の時期に、最も水を必要とする。旱魃史料の数は四・五月から増え始め、七・八月がピークになる。ある国では、「長久四年（一〇四三）四・五両月の比《ころ》、炎旱旬に渉り、苗子は憔損し、田畝は燥乾し、播殖違期《はしょくいご》す」と、四・五月の旱魃によって苗が枯れ、田植えは遅れてしまう。翌年はなんとか田植えを済ませたものの、五月から八月に至る旱魃で、危機的状況になった（『平安遺文』六四一二）。田植え時期の旱魃と、穂が形成されてから開花する時期の旱魃とが、二年連続してしまったケース

図８　灌漑用の水車（『石山寺縁起絵巻』より、石山寺所蔵）

である。

旱魃に対しては、灌漑施設の造成などの工学的対応が有効であり、「用水をもって旱損を除く」（『鎌倉遺文』二〇三八二）などの認識も確認できる。また天長六年（八二九）五月二七日の太政官符（『類聚三代格』巻八）では、「耕種の利、水田を本と為し、水田の難、もっとも旱損に在り」として、水田の旱魃対策として水車（揚水車）を作ることを薦めている。水車は和歌などにも詠まれるようになり、鎌倉時代末の『石山寺縁起絵巻《いしやまでらえんぎえまき》』には、水車を使って水田に水を入れる姿が描かれている。また農学的対応として、旱魃に強い畠作物を組み合わせるという認識も明確であり、承和七年（八四〇）五月二日の太政官符（同）では、旱魃が頻発して水田が稔らないことへの対策として、「黍《きび》・稷《あわ》・稗《ひえ》・麦・大小豆および胡麻《ごま》等の類」を陸田（畠地）に播殖することが命じられている。前述したように、水田の畠地化による旱魃対策は、平安・鎌倉時代には多く確認できるが、旱魃がひどい場合には、畠作物でも被害を免れなかった。正安二年（一三〇〇）に大旱魃に見舞われた尾張国熱田《あつた》社《しや》領では、ムギには「そふ」という病気が付いて損亡し、「陸田作毛麦以下夏作芋《いも》・大豆・小豆・粟・稗」はすべて旱損したという（『鎌倉遺文』二〇五四四）。

古代にはすでに、イネの栽培時期による早稲《わせ》・中稲《なかて》・晩稲《おくて》が分化し、近世農書の品種名につながる多様な名のイネが栽培され、災害リスクや農繁期労働力の分散が図られていた。イネにはジャポニカとインディカの二種があるが、日本に入ったジャポニカも、熱帯型と温帯型の二つがあり、前者は粗放な栽培環境に、後者は水管理の行き届いた水田環境に適応する。遺跡の分析では、古代末までは熱帯ジャポニカの頻度は高く、池島《いけしま》・福万寺《ふくまんじ》遺跡《いせき》（大阪府東大阪市・八尾市）では、大洪水後に一時的に高くなっているという。一つのイエや村落のなかにおいても、作付けされるイネにはかなりの多様性が含まれていたのである。なお一二世紀に占城稲《チャンパ》が中国南部に導入され、やがて日本に伝わった大唐米《たいとうまい》はインディカと考えられており、旱魃に強く、低肥沃土壌などの不良環境に適合したものであった。

嘉元三年（一三〇五）の東寺領若狭国太良荘《たらのしょう》（現福井県小浜市）では、早稲・中稲・晩稲が作付けされていたが、早田は「於加虫《おがむし》」による虫害で刈り取りを諦め、中田は南からの乾熱風（フェーン）による風害、晩田は旱魃によって収穫できなかったという（『鎌倉遺文』二二三〇六）。古代・中世を通じて工学的・農学的対応が進められるが、けっして十分なものとはいえず、旱魃などの農業災害の猛威に翻弄され続けていたのである。嘉暦四年（一三二九）、数ヵ月に及ぶ炎旱に対して後醍醐天皇は、「仏神の威力にあらざれば救いがたし」（『鎌倉遺文』三〇六一二）として祈雨の祈禱を命じるが、それは偽らざる本音であろう。

## 3　祈雨儀礼の展開

### 請雨経法の成立

当時の災害観や技術力の限界から、国家権力が最も力を入れたのが宗教的対応であった。旱魃に対しては、古代から神祇信仰による祈雨（奉幣《ほうへい》）と仏教による祈雨（読経法会）という二つのタイプの儀礼が実施されていたが、当初は神事の方が主流で、一〇世紀初頭の『延喜式《えんぎしき》』段階では、大和吉野の丹生川上神社《にうかわかみじんじゃ》と京都北部の貴布禰神社《きぶねじんじゃ》の二社を中心に神祭対象が設定されていた。仏教による祈雨の重要性が高まるのは九世紀で、祈雨は次第に国家の重大事となり、畿内の諸大寺や宮中で、災害消除の代表的な経典である仁王経《にんのうきょう》や大《だい》般若経《はんにゃきょう》などの大規模な読誦《どくじゅ》がなされた。

このような護国経典読経の一方で、貞観一七年（八七五）からは、神泉苑《しんせんえん》（現京都市中京区）で密教的祈雨法の請雨経法《せいうきょうほう》が国家的事業として実施されるようになる。神泉苑の池には竜神が住むと意識され、祈雨霊場としての性格を強めていくのである。一一世紀後半からは、祈雨・止雨《しう》の両方の祈願が可能な孔雀経法《くじゃくきょうほう》が国家的儀礼として優先的に修されるようになり、陰陽道《おんみょうどう》にもとづく五竜祭《ごりゅうさい》も行われる。一三世紀後半・一四世紀初には、水天を祀って雨を乞う密教修法《みつきょうしゅほう》の水天供《すいてんく》が請雨経法や孔雀経法に代わる。このような祈雨の変遷は、一一世紀前半までは旱魃発生頻度が高く、その後は洪水・霖雨なども増加していく状況とおおよそ対応している。

請雨経法開始のきっかけとなったのが、貞観一七年の旱魃であったが、一二世紀に祈雨修法の記録として作成された「祈雨日記」（『続群書類従《ぞくぐんしょるいじゅう》』二五下）でも、『日本三代実録《にほんさんだいじつろく》』の記事を基礎に詳しくふれている。同記に「貞観年中種々祈雨の事、但し神事をもってその験《げん》なしと云々」とあるように、貞観年間は仏教的祈雨の画期となった。またこの時の旱魃で、猛暑によって西大寺の銅瓦（あるいは緑釉瓦《りよくゆうがわら》）が溶けたという伝承が生まれ、それは建久二年（一一九一）の奈良の寺社巡礼を記した『建久御巡礼記《けんきゆうごじゆんれいき》（南都巡礼記）』（『校刊美術史料寺院編』上巻）などの多くの記録類に書き留められている。

貞観年間は、東北地方を襲った大地震・津波をはじめ、富士山・鳥海山《ちようかいさん》・開聞岳《かいもんだけ》などの噴火、旱魃・飢饉や疫病の多発といった不安定な社会状況が続いたが、貞観一七年は必ずしも突出した旱魃年ではない。旱魃というならば、貞観八年や元慶元年（八七七）も、『三代実録』の記述は多い。元慶元年七月二日条によれば、藤原基経《ふじわらのもとつね》は長らくの旱魃で雨が降らないため、陽成天皇《ようぜいてんのう》に上表して摂政辞任を願い出たほどであり、図2からは、貞観一一年や元慶二年・四年の方が降水量の少なさは顕著である。請雨経法という国家的祈雨儀礼が成立した事実を核に、屋根瓦を溶かすほどの炎暑といった伝承などが結び付いて、次第に「貞観の旱」という猛烈な旱魃のイメージが定着していったのであろう。

正治元年（一一九九）八月二三日、但馬国伊由荘《いゆのしよう》の百姓は、同年六月二日から八月六日までの旱魃と、八月一八・一九日の洪水による餓死・流死への救済を求めたが、そのなかで「貞観旱魃の古体」に言及している（『京大文学部博物館の古文書一一』）。飢餓状況におかれた但馬の百姓たちが想起したのが、貞観旱魃の伝承であり、鎌倉初期には、伝説化した旱魃となっていたのである。

## 雨乞の広がり

一五世紀中期以降は、国家的祈雨は姿を消していくが、その一方で地方寺社での雨乞《あまごい》史料が増加していく。摂津国勝尾寺《かつおじ》（現大阪府箕面市）は西国三十三所観音霊場の一つでもある有力地方寺院であるが、近隣荘園からの懇願によって雨乞を行っていた。永享五年（一四三三）七月七日、勝尾寺は旱魃に苦しむ外院荘《げいんのしょう》の要請を受け、八日から請雨祈禱を始めたところ、夜には雨が降り始め、一〇日に外院荘からお礼の酒が持参される。この時、同じく有力地方寺院であった総持寺《そうじじ》（現大阪府茨木市）でも、三四ヵ郷の要請によって雨乞を行ったという（『箕面市史史料編』勝尾寺文書八七六・九二八）。この年は降水量がきわめて少なかったことも明らかで、山城・大和・播磨・丹波・讃岐・遠江などに、旱魃史料が多く残されている。

永享八年の請雨勤行目録《ごんぎょう》（同八七六）によれば、七月二日に外院荘の要請を受けた勝尾寺では、いったんは断るものの、すぐに祈禱を開始し、日中の祈禱とともに、昼夜不断に踊ったという。五日には大雨となり、一〇日まで降り続くが、外院荘からは、祝いとして酒が届けられている。この年もやはり降水量は少なく、全国的に旱魃史料が多い。この後も嘉吉二年（一四四二）・同三年・文安四年（一四四七）・宝徳二年（一四五〇）と請雨記録（同八九八・九二八・九三二）が残されており、勝尾寺では雨乞を受諾すると、尊勝陀羅尼《そんしょうだらに》などの勤行とともに大般若経が読まれたが、「庭にて大こ（太鼓）を打、つゝみ（鼓）・やつはち（八撥＝羯鼓）・ふえ（笛）・さゝら（簓）にてゐきやう（異形）無尽のくるい（狂）これ在り」（同八九八）とあるように、楽器をともなう風流《ふりゅう》・乱舞が随伴した。文安四年時には、巡礼中であった遠江国豊田郡篠原《しのはら》（現静岡県磐田市）住人らも、いっしょに踊ったという。

各地には水源・雨の神として竜王・竜神などを祀る寺社が配置され、荘園や村落の鎮守でも雨にまつわる儀礼が行われていく。その過程でさまざまな芸能が結び付き、雨乞踊りなどとして、現在も伝えられているのである。

## 4　旱魃多発期における開発

### 玉滝杣の開発

考古学や古代史の通説によれば、古代集落は九・一〇世紀に律令国家の解体過程に合わせて消滅してしまい、一一世紀になって新たな集落が登場し始めるという。この現象は、地域差はあるものの、全国的な傾向である。集落が移動して別の立地となった、建物構造が変化して遺跡の検出が困難になったなどの可能性が指摘されているものの、古代集落の消滅に関しては、古代社会の変容といった一般的な説明しかなされていない。原因は単純ではないであろうが、災害や気候変動が集落の動向にどのような影響を与えたかについては、全く検討されてこなかった。古代集落が消滅する九・一〇世紀に、逆に村落が展開していく地域を対象に、この問題について考えておきたい。

伊賀国阿拝郡《あべぐん》にあった玉滝杣《たまたきのそま》（現三重県伊賀市）は、東大寺のための材木を供給する杣で、その中核となったのは、天徳二年（九五八）に橘元実《たちばなのもとざね》が東大寺に施入《せにゅう》した墓山《はかやま》であった。東大寺は、周辺の所領も集積・寺領化し、玉滝杣を広大な地域へと拡大する。この杣内の開発拠点となったのが、真木山《まきやま》・玉滝・鞆田《ともだ》などの村々であり、東大寺と伊賀国司は、一一世紀半ばからこれらの村々の支配をめぐって激しく対立したが、それに加えて、鞆田などに権益を有するようになった平氏との間でも、訴訟が起きる。

保安四年（一一二三）九月の判決記録（『平安遺文』一九九八）によれば、東大寺は鞆田村の開発の由来を説明し、材木資源が枯渇したため、開発して村となったので、古くからの証拠文書には杣山とだけあるが、東大寺領であることは間違いないと主張する。そして、貞観八年（八六六）八月三日の墾田施入状《こんでん》や、天徳四年二月二二日の玉滝・内保《うちほ》・湯船《ゆぶね》・鞆田村などの税免除に関する文書など、多くの証拠を提出している。これらの文書については、平氏側も異論を挟んでおらず、判決でも証拠文書が明らかであるとして、東大寺の主張を認めている。真木山村についても、昌泰二年（八九九）一二月三日の文書などの証拠能力が認められており、九世紀末・一〇世紀には、玉滝杣内外の開発が進んで、鞆田や玉滝・真木山などの村が登場することは間違いない。

この判決のなかで引用されているのが、『類聚三代格』巻一六にも収録された寛平八年（八九六）四月二日の太政官符である。それによれば、南山城の伊賀・大和国境に近い木津川流域《きづがわ》の山々には、東大寺・元興寺《がんごうじ》・興福寺などの広大な杣山が占定《せんてい》されていたが、その山中には百姓の家地・口分田などが開かれており、「人民の居、おのおの水・草を逐《お》い、河に瀕《そ》い山を披《ひら》き、雑処に群居す。子子孫孫相承って居住し、その年紀は百余歳に及ぶ」という。それに対し、元興寺や興福寺が仁和年間（八八五～八八九）になって、地子《じし》（地代）を徴集しようとしたため、百姓との対立が起きたのである。朝廷は山林を諸寺に与えたのは修理料材のためで、百姓の田地を妨害するためではないとして、地子の徴収を禁ずるとともに、百姓にも勝手に山中の樹木を伐ることを禁止した。寛平八年の法令は律令制の建前にもとづいたものであったが、保安四年の判決では、「但《ただ》し元来寺田と注さば、この限りにあらず」という但書の部分に注目し、東大寺の寺田である証拠文書があれば、耕地支配を承認する法的根拠としたのである。

## 水源を求めて

九世紀には百姓が水源などを求めて山間部に進出し、村落を作っていく状況が広がっており、玉滝杣でも九世紀末・一〇世紀に開発が進行していた。一二世紀初になると、杣内に展開していた村落に対する東大寺の支配が強化されるが、離脱する村落も現れ、玉滝杣は結局、玉滝・内保・湯船・鞆田・真木山の五ヵ村によって構成される。玉滝・内保・槙山（真木山）三ヵ村からなるのちの玉滝村では、明治三五年（一九〇二）段階での個人所有の小規模溜池は一三五九ヵ所に及んでいる。槙山では河川灌漑が可能であったものの、玉滝と内保は天水と溜池に依存しているのである。鞆田・湯船村域でも、天水や小規模溜池以外に水源はなかった。当然古代・中世では、特段の灌漑施設は存在せず、小規模な溜池が想定される程度である。

琵琶湖《びわこ》の前身である「古琵琶湖」は、今から四〇〇万年前に伊賀で誕生し、南から北へ移動して現在の琵琶湖となるが、その間に堆積した地層が古琵琶湖層で、伊賀北部から甲賀にかけての丘陵地には、古琵琶湖層群中最も厚い粘土層が分布する。玉滝杣を含むこの地域では、古琵琶湖層が浸食された樹枝状谷が発達しているため、大きな河川はなく、谷ごとの集水面積は狭い。谷に開けた村落を単位とした水利体系なのである。粘土が厚く堆積した水田は、降雨に恵まれれば高い生産力を発揮するものの、旱魃になればひび割れを起こすなど、大きな被害を出す。一九五〇年代まで、伊賀・甲賀地域は全国でも有数の旱害地帯であった。

しかし、開発のさほど進んでいない段階では、河川灌漑を前提にした地域よりも、水源確保の点では有利である。縦挽鋸《たてびきのこぎり》が存在しない中世前期までの林業では、さまざまな樹種のなかから、スギ・ヒノキなどの割裂性が高い有用針葉樹を選択して、伐採するのが基本であった。建築用巨木・良材が切り出されていく一方で、天水や小規模溜池による谷を単位とする村落が展開していく。谷々の開発がいっそう進む近世・近代では、用水が限界に達し、旱魃に苦しむことになるが、この段階ではけっして不利な立地ではなかったのである。

独立した水管理を前提に、谷ごとの強い結合と自立性を有するこれらの地域では、支配の核になる小規模な領主である国人《こくじん》・土豪《どごう》を生み出し、やがて惣国一揆《そうこくいっき》と呼ばれる広域的

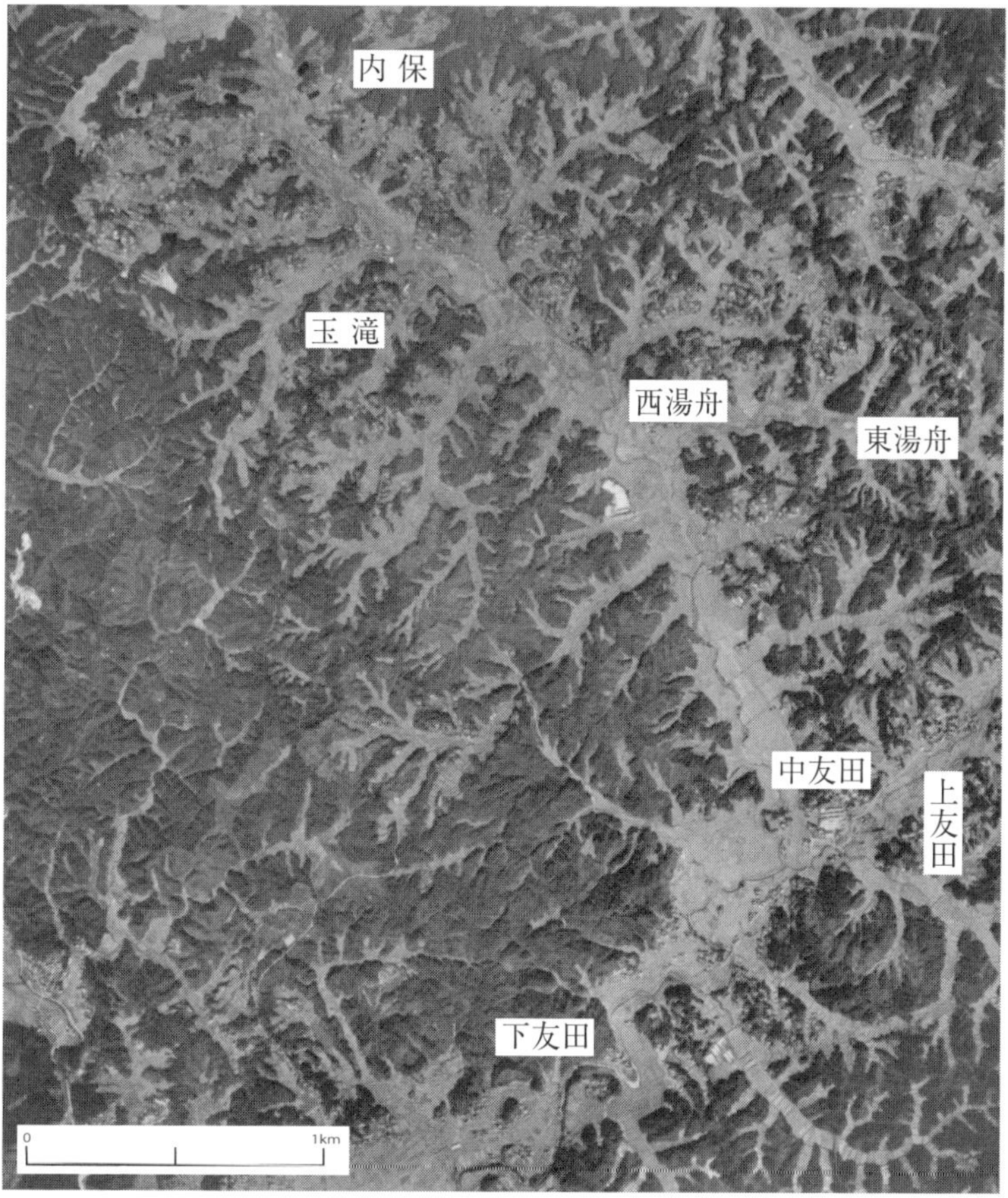


図9　玉滝杣周辺空中写真

な政治組織を成立させる。このような状況に対応して、伊賀では北部を中心に、形は館であるが、城としての機能を有する小規模な館城《やかたじろ》跡が六〇〇ヵ所以上存在し、全国一の小規模館城密集地帯となっている。

現在玉滝周辺で遺跡台帳に登録されている遺跡は、外形から認識されやすい古墳と中世城館のみである。山間部は大規模開発の対象になりにくく、発掘調査によって遺跡が発見されることは稀である。考古学的には、玉滝周辺は集落遺跡のない場所として処理されているが、史料からは明らかに、九・一〇世紀からの開発や村落の展開がたどれるのである。降水量が少なかった九・一〇世紀頃は、全国的に遺跡数が減少するが、その背景の一つとして、このような地域への集落の展開が想定される。

本格的な灌漑施設の造成が困難な場合、天水や小規模溜池による開発があらためて重要性を持つ。これはいかに水源を確保するかという問題であり、広い意味での旱魃への対応とみなしてよいであろう。紀伊国の高野山麓で「深山の中、水湿の便に山里を開作」（『平安遺文』四三六）しているのをはじめ、「水便あるにより、治開して田となす」（『平安遺文』二一一二）、「水湿の便を尋ねて耕作」（『平安遺文』四四五）など、水源を求めての開発は広く展開していくのである。

## 5　中世荘園の成立と用水問題

### 用水確保をめぐる動き

東大寺領山城国玉井荘《たまいのしょう》（現京都府井手町）は、天平宝字四年（七六〇）以来の由緒を持つ小規模な荘園で、東部の山地から流下した玉川《たまがわ》（水無川《みずなしがわ》）が、小扇状地を形成して木津川《きづがわ》（泉河《いずみがわ》）へ流入するその北岸に成立した。東部上流の段丘《だんきゅう》の先端には、橘《たちばな》氏の氏寺《うじでら》と伝える井手寺《いででら》（円提寺《えんていじ》）が位置し、南は玉川を挟んで摂関家領石垣荘《いしがきのしょう》が接していたため、三者の間で用水争いが繰り返される。

天喜四年（一〇五六）、これまで玉川の水は三者で分水されており、旱魃の時でも、この分水があれば半分は耕作できたのに、今年は井手寺と石垣荘に用水を塞《ふさ》がれたため、作物がことごとく旱損したと玉井荘は訴えた（『平安遺文』八一三）。石垣荘は玉川の南に位置し、東部の山地を含む細長く延びた荘域を有しており、近世の石垣村に継承される。それに対し、玉井荘域が近世の水無村、井手寺領が井手村に対応する。この争いは、扇状地開発の過程で用水が不足し、その配分をめぐる荘園（村落）間の対立がエスカレートして、発生したものであった。

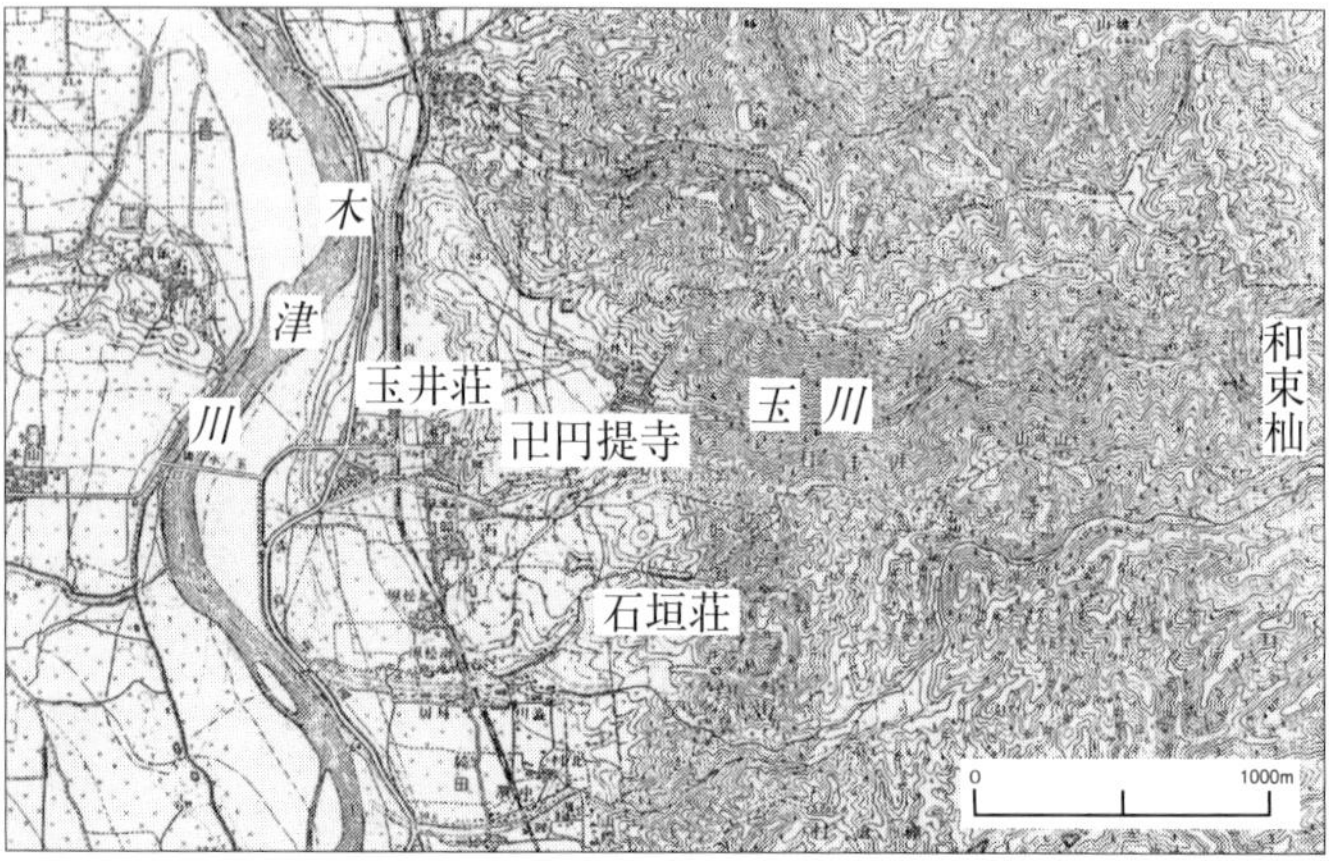


図10　玉井荘・石垣荘周辺地形図

用水紛争は長く続いた。永久三年（一一一五）には、井手寺によって用水が止められてしまい（『平安遺文』一八二七）、同五年には石垣荘が「往古の分水」を打ち留める（『平安遺文』一八七三）。元永元年（一一一八）にも、石垣荘と井手寺によって分水を止められ、「当御庄旱損せん方なし」（『平安遺文』一八八八）という事態になる。保延六年（一一四〇）には、石垣荘住人らは興福寺の悪僧と結託して、「分水札」を抜き棄て、濫妨《らんぼう》する（『平安遺文』補三一〇）といった状況が続いた。これらの用水紛争の起きた年は、図2から、相対的に降水量の少ない年であったことが明らかである。

同年七月の玉井荘の訴え（『平安遺文』二四

三二）によれば、石垣荘はそれまで玉井荘住人が利用してきた山や路を石垣荘内であるとして、その利用を拒絶する。石垣荘が谷の南は石垣荘内と主張するのに対し、玉井荘は、たとえ谷が堺であっても、「諸国の習《ならい》、山・路の法」は「便《べん》に随《したが》い例による」のが通例と反論する。荘園の境界を明確にし、荘域内から玉井荘住人の活動を排除しようとする石垣荘と、旧来よりの慣行順守を求めた玉井荘とが鋭く対立したのである。山野はさまざまな資源獲得の場であるが、用水源としてもきわめて重要であり、一一世紀後半からの用水をめぐる争いの延長線上に、山野利用の問題が登場する。一二世紀には、荘域は荘園を単位とする資源独占の範囲として、重要な意味が付与されることになる。

この結果、玉井荘は石垣荘内の山・路の利用を拒否され、石垣荘の里山（「近隣山」）からは当然、従来は排他的支配が認められていなかった「奥山」からも閉め出されてしまう。石垣荘内で正式に活動できるのは、石垣荘民だけであり、従来からの山野利用の慣行は、荘域の明確化によって破られていく。中世荘園が確立していく背景には、このような村落レベルでの山野・用水などの確保をめぐる運動が存在していたのである。

同じ頃、木津川の南岸、山城国南端に位置する右大臣藤原家忠《ふじわらのいえただ》領の山田牧《やまだのまき》（現京都府木津川市）は、東大寺領賀茂荘《かものしょう》と境相論《さかいそうろん》を繰り広げていた（『平安遺文』一〇三三・二〇四

○・二〇四一)。境界地帯の山野を両者が開発していくなかでの衝突であったが、用水をめぐっても争いが起こる。灌漑用水の便に恵まれず、天水に依存していたため、旱魃に苦しんだ賀茂荘は、冬の農閑期に新たに井堰《いせき》を作り、溝を開鑿《かいさく》したところ、山田荘側が塞いでしまった。賀茂荘が修理すると、また山田荘は溝を塞ぎ、樋《とい》を破壊したのである。賀茂荘は、用水開鑿がたとえ山田荘内であったとしても、用水の便は家屋を破壊してでも優先されるという慣行があるはずであり、しかも取水した水は無駄に泉河(木津川)に流れ込むだけで、だれも利用していない。まして取水したのは賀茂荘内ではないかと訴えたのである(『東大寺文書』二二)。しかし、賀茂荘の訴えが聞き届けられた形跡はない。

水源の確保は、荘域を明確にし、荘域内の山野から他者の利用を排除・制限しようとする運動と連動する。賀茂荘の主張する従来からの慣行は、中世荘園制を成立させていく動きのなかに飲み込まれてしまったのである。

このような動きは、平地部でも確認できる。大和国清澄荘《きよずみのしょう》(現奈良県大和郡山市)は平城京の南に位置した東大寺領荘園であるが、永久五年七月、隣接する元興寺末寺の豊良《とゆら》寺荘《でらのしょう》(現豊浦)との間で用水紛争が起きる。清澄荘は以前から、富雄川《とみおがわ》上流の豊良寺荘内に設置されていた「上津堰」「下津堰」から引水していたが、豊良寺は荘域内で取水される用水に対して、分水を要求し、妨害を始めたのである。太政官の判決は、豊良寺の妨害を禁止するとともに、平等の取水を認めており、従来よりの用水秩序は、水源を根拠に改編を余儀なくされた（『平安遺文』一八七五）。なお、この年は図2からも降水量が少なかったことが推測され、それが用水相論の引き金となったと思われる。

## 中世の用水伝承

一九八〇年代後半以降、各地で現地調査にもとづく荘園研究が進められたが、そのなかで荘域と水系が一致するケースが注目され、荘園を単位とした水利体系の整備が、荘園制を成立・存続させる社会的原動力の一つと理解されてきた。ここで取り上げるのは近江湖東の江部荘《えべのしょう》（現滋賀県野洲市）の事例である。江部荘は、天皇家の御願寺《ごがんじ》である六勝寺《ろくしょうじ》の一つで、康和二年（一一〇〇）に造営された尊勝寺《そんしょうじ》の荘園である。尊勝寺の造営は、白河上皇・堀河天皇近臣の受領《ずりょう》が競って担当しており、近江守平時範《たいらのときのり》やその前任者藤原隆時《ふじわらのたかとき》も、尊勝寺への荘園寄進に関与している。

この江部荘域を灌漑する用水が祇王井《ぎおうい》で、その名称は『平家物語』巻一に登場する祇王に由来する。平清盛《たいらのきよもり》に寵愛された白拍子《しらびょうし》（男装して歌舞を演じた遊女）の祇王が、出身地の江部荘が用水不足に苦しんでいるため、清盛に懇願して造らせたという伝承を有し、現在も上流の村々に用水権のない、旧江部荘域にあたる永原・中北・北三ヵ村だけの専用水という特権を保持している。限られた水資源を反復して利用するために、上流優位が原則となる用水慣行において、注目すべき事例なのである。

祇王井は野洲川《やすがわ》から取水し、条里界にほぼ沿って東北に流れ、東祇王井と西祇王井に分岐するが、この東・西祇王井と現在は別流路になっている旧家棟川《やなむねがわ》に囲まれた範囲が江部荘域となる。荘域と用水系は密接に関連し、祇王井の開削は江部荘の成立と深く関わっていた。

江部荘域においては、水量の乏しい家棟川などの東部の水系から十分な用水が供給されることはあり得ず、野洲川扇状地の湧水や三上山《みかみやま》からの小河川の水がかりであった南部からの用水も、水量は確保できない。また、北部は村内で完結する溜池灌漑が基本となっている。江部荘域を開発するためには、野洲川から直接引水するよりほかはなかったのである。江部荘域が圧倒的に強い水利権を有したのは、祇王井の開削と国司らによる江部荘の立荘とが切り離せない関係にあったからで、それは条里地割の施工とも密接に関わっていた。

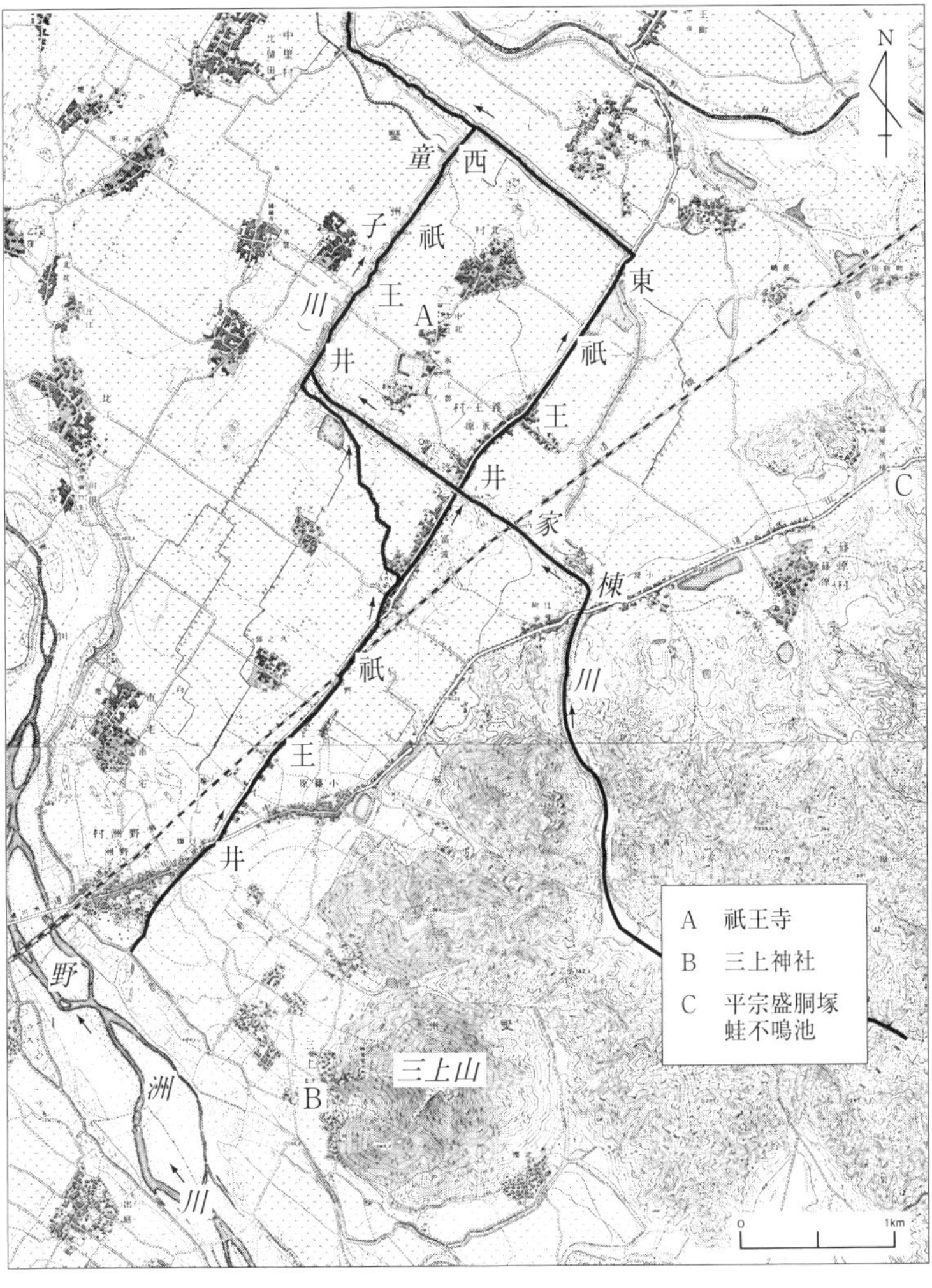


図 11　祇王井周辺地形図

圃場《ほじょう》整備まで地表に遺されていた条里地割は、郡単位の統一条里で、平安後期以降に施工されたと考えられている。八世紀頃の条里は異方位地割として寺院遺構などにともなって残存したり、埋没地割として、発掘によって検出される。当該地域の集落遺跡群においては、一二世紀に中世集落成立の画期があり、一三世紀を過ぎたあたりから集村化が進行し、現在の集落に収束するような新しい変動が生じる。

平安末頃に開鑿されたという伝承を有する用水は、全国的に多い。祇王井以外にも、文覚《もんがく》上人による紀伊国桛田荘《かせだのしょう》の文覚井、備中国在庁官人《ざいちょうかんじん》妹尾《せのお》兼康《かねやす》が作ったという湛井《たたい》十二《じゅうに》カ郷《ごう》用水、あるいは宇佐八幡宮大宮司宇佐公通《うさのきみみち》が関わったとする豊後国平田《ひらた》井堰《いせき》などは、『平家物語』に登場する人物に結び付けられて伝承されてきた。やはりこれは、平安末頃に国衙や中央権力との関係で大規模な用水開発が進められた事実を背景に、地域にまつわるさまざまな記憶が国民的文学『平家物語』によって補強され、形作られてきたのであろう。祇王井の伝承においても、至近に位置する篠原宿は東山道の要衝で、清盛の後継者である平宗盛《たいらのむねもり》処刑の地として、『平家物語』の舞台の一つとして知られていたのである。

## 中世荘園と用水

前述した東寺領丹波国大山荘は、承和一二年（八四五）に成立した官省符荘《かんしょうふしょう》（国家が太政官符・民部省符によって荘田の不輸租とその領有を公認した荘園）であったが、一一世紀前半までの荘田は九町余にすぎず（『平安遺文』七七）、実際に税を免除された耕作田も五町前後に留まっていた。九・一〇世紀の遺跡はきわめて限定されていたが、一一世紀後半・一二世紀からは急激に集落遺跡が増加していく。そのような状況のなかで、康平四年（一〇六一）に東寺は、本来の田数を大幅に超えた五八町余の田地を書上げて、荘域全体の支配をめざし始めたのである（『平安遺文』九七〇）。

国司との荘園整理をめぐる激しい争いを経て、康和四年（一一〇二）には荘域も一部拡大され、中世荘園として確立するが（『平安遺文』一四八九）、この時期、史料上にも住人らの活発な動きが確認できる。承安三年（一一七三）には、大山荘住人が隣接する摂関家領宮田荘《みやたのしょう》と、大山荘内の山野草木を利用させるかわりに、宮田荘から用水を引くという契約を交わしている（『鎌倉遺文』一三二七一）。この用水契約が実効を有するのは、荘内においても唯一宮田川水系に属した西田井村《にしたいむら》だけであり、一二世紀には契約によって不足する資源を確保しようとする村落の姿を確認することができるのである。

このように中世荘園成立の前提には、水源を含む資源確保や用水施設の整備などをめぐる、村落と領主のさまざまな運動が存在していた。この状況が「大開墾の時代」などと表現されてきたのであるが、それは旱魃などへの対応の過程でもあった。それぞれの地域において、最も適合的な水利や耕地のあり方が選び取られ、生存の基盤が強化されていく。用水相論は中世成立期に一つの画期があるが、その後も各地で発生し続ける。

鎌倉時代の前期、紀伊国の粉河寺《こかわでら》と高野山領名手荘《なてのしょう》の間で、武力行使をともなう境相論が起きた。粉河寺は紀の川市（旧粉河町）に現存する名刹で、西国三十三所観音霊場にもなっている。名手荘と粉河寺領丹生屋村《にうのやむら》の境界となっていたのが「水無川」であったが、読んで字のごとく水量の乏しい川で、しかも名手荘の主要水源であった。

用水相論は延応二年＝仁治元年（一二四〇）に始まるが、その年は大旱魃であった。図2に明らかなように、降水量はきわめて少なく、京都・鎌倉を含む全国的な被害が広がり、改元が行われる。翌二年七月の高野山側の訴え（『鎌倉遺文』五九一二）に、「去年の井水相論喧嘩《けんか》といい、当時の牓示《ぼうじ》訴訟といい」とあるように、用水相論と境界紛争は連動し、六月には粉河寺側が取水施設の破壊という実力行使に及んで、次第に双方の暴力の応酬へとエスカレートしていく。両者の間で、「椎尾《しいのお》」で東西に分流している水無川のどちらが本流（荘境）であるのかが争われ、「椎尾」という山の帰属がポイントとなっていたように（『鎌倉遺文』五九一〇）、用水紛争はその水源山の領有をめぐる紛争へと容易に拡大したのである。玉井・石垣荘相論などと同じ構図である。

前述したように、旱魃への対策として、灌漑施設の造成などの工学的対応がきわめて有効であることは、当時から十分認識されていた。また降水量が減少しなくても、開発の進展により水需要が増大すれば、必然的に用水不足が発生する。そのような事態が恒常化すれば、新たな井堰や用水路、分水施設・番水《ばんすい》（同一の用水から決められた時間や順番で引水する制度）といった用水配分システムなどが、さまざまな紛争と協力をともないながら、創出されていく。用水路の整備・管理などは領主の責任業務・勧農の中核であり、用水の費用を捻出する井料田《いりようでん》の設置や修理経費の年貢からの控除など、現地と領主の駆け引きを伝える文書も多く残されている。

## 6　旱害と中世社会

古代・中世においては、降水量異常への対策が重要課題と認識されていた。九〜一一世紀では、少なすぎる水＝旱魃への対応に比重がおかれたのに対し、一二世紀以降は多すぎる水＝水害への対応も増加する。古代集落が九・一〇世紀に大きくその姿を変えていく理由は明確にはなっていないが、旱魃が連続するという状況のなかで、水源を求めての居住形態の変化が、影響を与えた可能性は否定できないであろう。

「山川藪沢《さんせんそうたく》の利、公私これを共にすべし」（養老雑令《ようろうぞうりょう》国内条）という、オープンアクセス的な利用を原則とした古代社会のなかから、特定の山野河海を自らの領域に組み込み、閉じた利用原則を実現しようとする中世村落が登場し、水源をはじめとするさまざまな資源を確保する主体となる。中世村落の成立と密接に関連しながら、村落を支配の基礎に組み込んだ中世荘園が一二世紀前後に形成されるが、荘園は用水整備や資源確保、祭祀などの制度的な枠組みとなり、村落などとともに災害対応の社会的な基盤となった。荘園領主は用水路などの整備・管理の義務を負い、旱魃が起これば、年貢減免などの対応が求められた。国家的な祭祀が地域社会に持ち込まれる際の回路となり、立荘にあたって、大規模用水が造成されることもあったのである。

前述したように、平安・鎌倉時代にはよくみられた「炎旱旬に渉る」などの表現は、南北朝時代以降は明らかに減少し、旱魃に対応できず不安定な利用しかできなかった耕地は、用水整備などによって少しづつ安定化し、ある程度の降水量不足には耐えられるようになっていく。中世後期には、全体的傾向として降水量は増加、気温は低下に向かい、旱魃は相対的には発生頻度が低下するが、それでも影響は大きい。康安二年（一三六二）は、旱魃によって琵琶湖の水位が一〇メートル以上下がり、湖底から橋や道の跡が見つかったという（『大乗院日記《だいじょういんにっき》目録《もくろく》』同年条・『太平記《たいへいき》』巻三七）が、図2からも降水量の減少は明らかである。応永二七年（一四二〇）は、「炎旱の事は、応永廿七・八両年、一天下不熟無双の事也」（『大乗院寺社雑事記《だいじょういんじしゃぞうじき》』文明四年七月一日条）などとある全国的な旱魃で、翌年には応永の飢饉が発生する。琵琶湖では湖岸が三町干上がり、淀川《よどがわ》も船が渡れないほど水位が下がってしまう（『立川寺年代記《りゅうせんじねんだいき》』続群書類従二九下）。旱魃は長禄・寛正の飢饉（一四五九〜六一）や永正の飢饉（一五〇四）など、室町時代の大規模な飢饉の原因となった。

　中世後期は、多様な農業災害の発生頻度が高まり、災害への耐性強化と生活基盤の整備が求められるようになる。地域社会では、集村化などを通じて、共同体規制が強められ、災害対応の担い手として、より強力な村落連合や地域権力が立ち現れる。人に対する戦いとともに、自然に対する戦いもいっそう激しさを増すことになるのである。旱魃の克服にあたっては、なお多くの段階が必要で、毛細血管のように緻密に張り巡らされた用水網の整備は、はるかのちの時代を待たねばならない。

# 第三章　水害と村落景観

## 1　水害の特質

台風や前線にともなう豪雨・長雨などによる水害は、最も発生頻度の高い災害の一つである。日本の年間降水量は世界平均の約二倍で、梅雨と台風の時期に集中して降る。日本列島の地形から、急峻な山地より海までの距離が短く、河川は急勾配となるため、降った雨は短時間で流れ出る。日本の河川はコントロールすることが困難で、水害が多発する環境にあった。第一章で述べたように、一二～一四世紀は降水量の変動が激しく、一五～一六世紀には降水量が増えるため、洪水関係史料も一二世紀以降増加し、一五世紀には激増する。水害には、地形や河川環境などの自然条件が大きく作用するが、そこに人々の居住形態などの社会条件がどのように組み合わさるかで、被害のあり方が決定される。

「用水を湛《たた》えて旱損《かんそん》の愁《うれ》い無く、築堤《ちくてい》を固めて水害の難を遁《のが》る」（『鎌倉遺文』二〇三八二）と表現されるように、旱魃には用水設備の造成、水害には堤防の構築が効果的であることは、中世の段階でも強く意識されていた。工学的対応は最も有効な対策であったが、古代・中世においては、技術的制約も大きく、河川堤防は重要地点に部分堤が造成されていたにすぎない。連続堤による河道の固定＝河流の河道内への閉じ込めが可能になるのは、かなりのちのことで、古代・中世社会では、水害の発生を前提とした生活を営むよりほかはなかった。当然、大規模災害には対処は困難で、集落や耕地は水害を強く意識して立地する。ほかの災害に比べるならば、水害関係の史料は多いが、領主による年貢の減免や復旧工事の経費負担などが中心で、被害の実態を伝えるものは意外に少ない。

なお旱魃《かんばつ》と洪水では発生のメカニズムが異なるため、旱魃と洪水の連鎖は稀ではない。元永二年（一一一九）はそのような年で、「夏旱魃、秋霖雨《りんう》」（『長秋記《ちょうしゅうき》』六月条）、「今年六・七月、炎旱の憂有り、七月又霖雨の歎有り」（『中右記《ちゅうゆうき》』八月二七日条）などとみえるが、このような事例はほかにも多数ある。また気温低下期の夏季の霖雨（長雨）は、水害にならない場合でも、日照不足をまねき、作物の生育不良につながることがある。都市の霖雨では、水害以外にも人の移動の障害となり、住人の雇傭《こよう》労働に悪影響を及ぼした。

## 2　平安時代の水害

### 大国荘の水害

豪雨などによって河川に大量の水が流れる自然現象が洪水であるが、洪水が河川から氾《はん》濫《らん》して、人々の生命や財産を侵害すると水害となる。水田適地は洪水の危険から逃れることはできず、洪水による河道の変化は、国・郡や荘園・公領の境界を変動させ、紛争の原因となることも珍しくない。洪水によって荘園や村落が存続の危機に陥ることもよくあり、日々の生産・生活は不断の自然との闘いを前提としていた。開発の進行は生活空間を拡大させるが、その結果として、水害の危険性を増大させることもあり、人が自然に働きかける過程での反作用という側面を有している。人々と河川の関わり方によって、被害のあり方も大きく変化するのであり、その対応が地域紛争を生むことすらあった。

『日本三代実録《にほんさんだいじつろく》』貞観七年（八六五）一二月二七日条および同八年七月九日・二六日条は、尾張・美濃国境を流れていた広野川《ひろのがわ》（のちの木曾川）の河口が塞《ふさ》がって流路が変わり、雨が降るたびに尾張側に大きな被害が出るため、尾張国司が元に戻す河口掘開工事《かこうくつかいこうじ》を実施したところ、美濃側の各務郡司《かがみぐんじ》（現岐阜県各務原市）・厚見《あつみ》郡司（現岐阜県岐阜市南部）らが武力で妨害し、死傷者を出すという事件を伝えている。洪水対策が国を越えた紛争となったのである。また久安年中（一一四五～五一）に、備前国で公領の取水施設を洪水から守るために、国衙《こくが》が「大堤」を築いたところ、それが原因で高野山菩提心院《ぼだいしんいん》領の香登荘《かがとのしょう》（現岡山県備前市）が水害を受け、争いになってしまう（『平安遺文』三三五三）。自然現象である洪水も、その対処を一歩間違えば、隣接地域へ被害を転嫁させ、深刻な地域間対立の原因となったのである。

　では平安時代の水害の実態について、東寺領伊勢国大国荘《おおくにのしょう》の事例をみておきたい。大国荘は、飯野《いいの》・多気《たけ》両郡にあった桓武《かんむ》天皇《てんのう》皇女布勢《ふせ》内親王《ないしんのう》の墾田《こんでん》が、弘仁三年（八一二）に東寺に施入《せにゅう》されて成立した。荘域は、伊勢国を流れる大河の一つである櫛田川《くしだがわ》が丘陵・段丘地帯から離れ、やがて祓川《はらいがわ》を分流させる現多気町北西部・松阪市南東部に広がる。旧飯野・多気郡界は祓川の流路に沿っており、これは郡界確定当時には、櫛田川の現流路は存在しないか小流で、本流は祓川であったためと考えられる。

　大国荘は「大河の左右に散在」（『平安遺文』一九五〇）し、成立期より東寺による荘園支配は不安定であった。承平二年（九三二）段階では、大国荘田一八五町九段一八〇歩のうち、東寺支配が実現できていた田地は一一一町四段四〇歩で、その内訳は、耕作できない「川成《かわなり》・常荒地《じょうこうち》」が八三町余、耕作されている「熟田《じゆくでん》」は二七町余である。一方、妨害されて東寺が支配できない田地は七四町五段一四〇歩にのぼり、「川成・荒地」が三五町、「熟田」は三九町五段一四〇歩となっていた。荘域の六割以上が「川成」などで、「熟田」の過半も、「公田と称して妨作」・「土浪人私治田《はりた》（小規模開発田）と号して隠作」されていたのである（『平安遺文』四五六〇）。

第二章でふれたように、平安時代は灌漑施設などの整備が不十分で、不安定な耕地や未開発地が多かったが、大国荘の場合には、そこに伊勢神宮・国司などの圧迫や、なによりも洪水による影響が付け加わる。荘域を貫流する櫛田川は、承和一四年（八四七）の洪水によって西北へ一里（およそ五、六〇〇メートル）ほど移流したが、飯野・多気郡界であった櫛田川の移動によって、多気郡が新流を、飯野郡が古河を郡界と主張したため、その二流の中間地帯は、両属状態におかれることになった。条里は郡単位で表記されるために、郡界認識の相違による両属関係は、同一の土地が二つの異なる条里表記で文書に現れる（『平安遺文』四五六〇・二四二）。

多気郡条里と飯野郡条里とでは地割の方向が異なっているが、現在、祓川との分流点以東は条里地割はほとんどみられない。櫛田川の氾濫によって地割が消滅したのかもしれな

図12　大国荘周辺地形図

いが、当初より未施工で、帳簿上だけでの条里表記であった可能性も高い。このような事情が土地支配の混乱に拍車をかけていたと思われ、東寺が現地に寺僧を遣わして事態に対処し始めたのは、ようやく承平元年になってからであった。その時に判明したのが、「川成・常荒地」が大量に発生し、支配も十分にできていない前述の状況だったのである。

## 被害と復旧

古代においてはこのような限定的な支配しかできなかった大国荘であるが、一一世紀後半以降、大きな変化が現れる。成願寺《じょうがんじ》などの周辺諸勢力との現地支配をめぐる争いを経て、一二世紀初に大国荘は、田三二町四段一八〇歩・畠二四町一六〇歩に縮小・再編されながら、中世荘園へと転換する（『平安遺文』一九四九）。保安二年（一一二一）八月二五日、伊賀・伊勢地方一帯は大きな台風被害を受けた。東大寺領伊賀国黒田荘《くろだのしょう》（現三重県名張市）では、名張川《なばりがわ》の洪水で荘内の土地が崩失し、伊勢神宮でも外宮《げくう》正殿が大きな被害を被る。大国荘においても、「洪水は部内に満溢《まんいつ》し、山岳頽落《へいらく》して平地の如し。田畠作物は流失し、河底と成る。人馬舎宅多くもって流失の間、狭少の御庄田残る所幾《いくば》くならず」（『平安遺文』一九五〇）と、多くが流されてしまうという有様であった。

この台風による全国的な被害は確認できず、伊賀・伊勢に集中的な豪雨被害をもたらしたと思われる。被害を受けた田畠などの所在地として、麻生曾村（現朝長《あさおさ》）・大国村（現弟国《おうぐに》）・横道村（現横路《よこみち》）などの現在につながる村名が現れており（『平安遺文』一九二三）、また麻宇曾溝・永田井溝・川原田井溝などの現在の用水系の原型も想定できる（『平安遺文』一五二七）。耕地などは、「或いは崩失、或いは流失、或いは土高二三尺（一尺は約三〇センチ）ばかり置き埋まり、或いは砂石流居して、白川原と成り、永く損亡する所なり」という大被害を受け、「流失在家」も七軒あったものの、「流死」は女性一人だけで、死者数はきわめて少ない。荘内の諸集落は、現在と同じように洪水に強い自然堤防上に位置していたと判断できるが、堤防で河道が固定されておらず、洪水流は低地を自由に流れるため、集落を直撃して多くの人命を損傷する事態には至らない。人々もいち早く避難して、人的被害を最小限に抑えたと推測される。現地では、地域の自然的特質をふまえ、洪水の危険を早期に察知して避難するなど、災害に対する知識・情報が蓄積されていたのである。

この時の耕地の被害は、田三二町四段一八〇歩のうち損田は一三町三段、畠二四町一六〇歩では損畠は一〇町三段半に及び、四割以上の田畠が被害を受けたため（『平安遺文』一九四九）、その再開発が緊急の課題として浮上してくる。この時期、洪水被害からの復旧には、領主が食物を支給して地元住民らに復旧労働を勧めさせ、年貢を免除して堰溝整備費用に宛てるなどの対策がとられていた。しかし東寺は、大国荘財政の枠を超えた出費に耐えられないと判断したためであろうが、その費用負担を渋っており、またどこに用水溝を掘り直すかについて、利害対立が顕在化してくる。

天治二年（一一二五）九月に、大国荘はまた洪水に襲われ、用水施設に大きな被害を受ける。この時の洪水は、「八・九月の間洪水、天下大損亡」（『中右記目録』同年九月条）などとある霖雨によるものと思われるが、大国荘の用水管理責任者と推定される堰長末久は、荘官らのプランを無視し、荘外の稲木村《いなぎむら》などの住人らと結託して、正作田《しょうさくでん》（領主直営田）に溝を掘り通し、一町余歩の熟田に損害を与えたという（『平安遺文』二〇五四）。災害復旧をきっかけに、地域社会の再編が図られていくが、東寺は荘園領主としての主導的役割を果たすことができなかった。その一方で、このような村落や村落代表者の動きが史料に登場してくるのである。

中央貴族や大寺社は政治・宗教などの社会的役割・目的を達成するために、その経済的基盤として荘園を保有するが、個々の荘園の状況によって、実際の領主支配はかなりの多様性を帯びる。大規模災害あるいは災害の連続などをきっかけに、復旧や経営・管理のコストが過大となり、現地との関係維持が困難となってしまう例はいくつもある。長寛二年（一一六四）頃、黒部《くろべ》川《がわ》扇状地に位置していた東大寺領越中国入善荘《にゅうぜんのしょう》（現富山県入善町）は、「大河」（黒部川）のために押し流されて荒廃してしまう（『東大寺文書』一五五五）。建保二年（一二一四）五月の東大寺領荘園を書き上げたリストでも、「近来荒蕪《こうぶ》、所出無きが如し」（『鎌倉遺文』二一〇七）と記されている。

　大国荘は一二世紀半ば以降、史料の数を激減させるが、断片的には一五世紀まで、東寺文書中にその名を見出すことができる。徳治二年（一三〇七）の大国荘の年貢などを記した注文《ちゅうもん》（『鎌倉遺文』二二九六六）に、一三町余の年貢田では「六十歩　去正嘉弐年流出」「六十歩　正嘉以後流失」「六十歩　中溝埋まる　正安三年五月大水」などとあり、五段の佃《つくだ》（領主直営田）でも「一斗五升　去宝治二年洪水田六十歩埋まる」「七升五合　宝治以後洪水　三十歩流失」「四斗五升　半大西田　永仁六年七月大水埋まる」などの減額理由が記載されている。大国荘では、繰り返し水害を受けていたのであり、耕地の流出や荒廃、用水溝の埋没が頻繁に発生していた。しかし東寺側の積極的な災害対応を示す史料は発見できず、村落や地域社会が災害対応の中核を担っていたと判断するよりほかはない。大国荘では、自然的・社会的状況から、東寺は有効な現地対策を打ち出せなかったのであり、それは荘園支配の実質を放棄することに直結しているのである。

## 3　水害と築堤

### 堤防のない社会

『今昔物語集《こんじやくものがたりしゅう》』二六―三には、平安時代に起きた洪水の状況が描かれている。美濃国の大河である因幡川《いなばがわ》（のちの長良川《ながらがわ》）は大雨になれば、計り知れない大洪水を発生させる川であったので、沿岸に住む人々は、洪水が起これば登って避難するために、家屋の天井を頑丈に作り、板敷のように木材で固めておいて、洪水時にはそこで生活し、船も用意していた。このような姿は、木曾・長良・揖斐《いび》の木曾三川下流の輪中《わじゅう》地帯では近年までみられたものである。

しかし大洪水が起き、天井をも超える出水のため、大多数の家は流され、多くの人が水死してしまう。特に頑丈に造作してあった主人公の家は、棟《むね》と天井がバラバラに壊れることもなく浮かび、女性や童を乗せて船のように流れていったが、やがて食事のための火が燃え上がり、水に飛び込んだ主人公だけが焼死を免れる。流される途中で木の枝を掴み、木の股で待っていたところ、夜が明けて、一〇丈余（一丈は約三メートル）の大木の細い枝にいることに気づく。因幡川は「出るかとすれば疾《と》く水落る河」で、急に洪水を起こすとともに、すぐ水が引くが、それは河道が堤防で固定されていなかったことが大きい。人々は自然堤防上などで強固に造作された家屋に居住しており、洪水時には後背地《こうはいち》が遊水池《ゆうすいち》（増水時に一時的に水が流入して貯留される場所）として機能するため、通常の水害ならば、十分対応できるはずであった。しかし数十年に一回という大洪水であったために、このような事件が起きてしまったのである。

なお『吾妻鏡《あづまかがみ》』建久元年（一一九〇）八月一七日条には、「甚雨《じんう》、夜に入り暴風人屋を穿《うが》ち、洪水河岸を頽《くず》す、相模河《さがみがわ》辺の民屋一宇河尻に流れ寄る、宅内の男女八人、皆もって存命し、各棟の上に居ると云々」とある。台風による大雨・洪水で流されて助かったこの相模川辺の民屋も、水害に対応するために家屋を頑丈に作っていたケースであろう。

現代社会では、洪水対策として巨大な堤防やダムが建造されているが、それでも水害を抑えることはできない。まして中世社会では、本格的な築堤による洪水対策は困難であった。古代から溜池《ためいけ》や河川の堤防は史料に表れ、養老営繕令《ようろうえいぜんりょう》近大水条では、洪水時の国司・郡司の堤防管理責任と修理を規定しており、小規模の工事ならば、自分たちで修理する慣行が存在していたと思われる。平安時代以降も国家は堤防管理に一定の配慮をしており、修築などの労働力の徴発には国司・国衙が大きな役割を果たしていたが、本格的な中世荘園が成立すると、その権限は荘園領主に分割・継承される。それは災害復旧の一定の役割を荘園領主が引き継ぐということでもあった。

この時期の河川堤防は、規模に差はあるものの現在のような河道の両側に連なる連続堤ではなく、自然堤防などを利用した部分堤であった。部分堤は重要拠点に築造され、洪水時に激流の直撃・侵入から防ぐためのものである。発掘調査事例によれば、常時近くに水がある池堤防の場合、盛る土砂を厳選し突き固めているのに対し、増水時のみ機能する河川堤防では、土砂をあまり限定せず、加圧されていないという。また河川堤防では、土や砂礫《されき》を盛り上げたり、河原の自然堆積を堤体に利用するケースだけでなく、杭や木組みを多用したものなども確認されている。

### 大井荘の堤防

前述したように、木曽三川が合流する西美濃地域は、集落・耕地を洪水から守るために周囲に堤防を廻らせた輪中を発達させたことで知られる。岐阜県大垣市の東部に比定される東大寺の大規模荘園大井荘《おおいのしょう》は、揖《い》斐《び》川《がわ》や杭瀬《くいせ》川《がわ》が形成した平野に立地し、近世初頭に古大垣輪中が形成されるように、常に水害と闘わねばならない環境にあった。正治元年（一一九九）八月から九月にかけて、畿内周辺の広い地域で大雨の被害が出るが、第二章でふれた但馬国伊《い》由荘《ゆのしょう》の洪水も、この時のものであった。京都では「止《し》雨《う》奉幣《ほうへい》」が行われており（『明月記《めいげつき》』『百錬抄《ひゃくれんしょう》』『師守記《もろもりき》』同年九月二〇日条）、大井荘周辺でも被害は大きく、美濃国衙は堤の修固を国内の荘園公領に命じた。

しかし翌二年、東大寺は何度も洪水被害を受けてきたことを認めつつも、堤の修理・維持はあくまで国衙の役割として、拒否の姿勢を明確にする。大井荘に堤の修理が課された先例はなく、免除が認められなければ花《け》厳会《ごんえ》・法華《ほっけ》会《え》という鎮護国家の法会の費用負担が不可能になり、両会が断絶してしまうと主張するのである（『鎌倉遺文』一一二二）。国家的法会の経費捻出が、東大寺が大井荘を保有する目的で、ほかの支出には応じられないという論理であり、「洪水連々の間、堤の修固又連々」（『鎌倉遺文』一一三六）と洪水が頻発するような状況では、堤防修理費用の負担など不可能とする。それに対し美濃国衙は、堤防によって利益を受ける各荘に費用を割り当てる受益者負担の論理を展開する。先例がなくても、堤防の修築によって水害を逃れることができるのならば、その負担を負うべきと

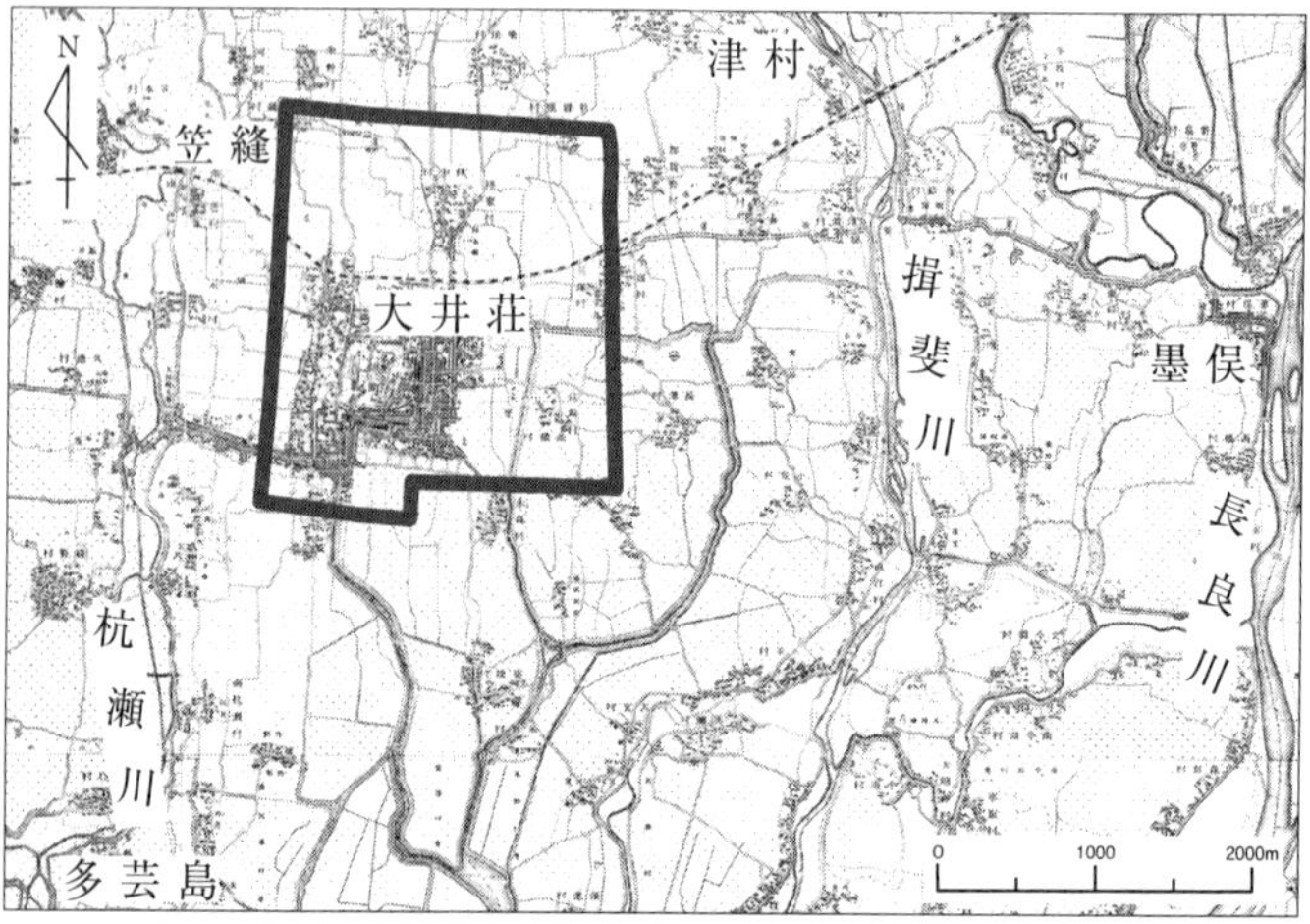


図13　大井荘周辺地形図

いうのである（『鎌倉遺文』一一二二六）。結局は東大寺が勝訴し、堤役負担は免除されるが、争いの根底にあったのは災害経費をだれが負担するかという問題であった。

永仁四年（一二九六）には、「津布郎《つぶらの》庄《しょう》堤」の修固について、守護を通じて大井荘に動員がかけられており、翌五年には津布良（郎）堤・墨俣《すのまた》堤の修築のための寄合に大井荘も参加を求められている（『鎌倉遺文』一九一五〇・一九三八六）。津布良（郎）は大井荘の北東の津村《つむら》にあたり、一方墨俣は、大井荘の東、長良川と木曾川が合流する美濃・尾張国境の渡河点で、東西交通の要衝である。弘安三年（一二八〇）に飛鳥井《あすかい》雅有《まさあり》が記した『春のみやまぢ』には、墨俣（現岐阜県墨俣町）の姿が描かれている。集落の前面には大きな堤防が築かれ、堤防の上面は集落よりも高い所に位置して、増水時の舟はまるで空を行くようにみえたという。

鎌倉後期のこれらの築堤を主導したのは、国衙の機能を吸収した守護と考えられるが、それに応ずる荘官層などを通じ、大井荘を含む広い地域から労働力が動員されていく。近世には完全囲堤の懸廻堤《かけまわしつつみ》が造成されているが、すでにこの段階でその原型が形作られつつあったのである。貞治三年（一三六四）の霖雨による大洪水以降、年貢未進が増加し、東大寺の大井荘支配は次第に弱体化していくが、荘園を越える広域的な築堤は各地でみられるようになる。中世後期には降水量が増加し、上流からの土砂供給も増大するため、河川をとりまく環境は大きく変わっていくが、災害に積極的に対応できない権力が力を失っていくのは同じである。

## 東と西の築堤

築堤の問題については、東国ではやや異なった状況となっていた。『吾妻鏡』には、鎌倉幕府の積極的な築堤への姿勢がうかがえるが、一三世紀初成立の鴨長明《かものちょうめい》による仏教説話集『発心集《ほっしんしゅう》』四―九には、「大きなる堤を築き、水を防きて、その内に田畠を作りつつ、在家《ざいけ》多く群《むら》り居《が》たる」入間川畔の村落を襲った悲劇が描かれている。官首《かんしゅ》（地域のかしらだつ人）は梅雨による大雨が降っても、堤防の強度を信じ込んでいたが、破堤して家屋は流され、自分だけはなんとか溺死を免がれたものの、家族は一人残らず死亡してしまう。村落があった地は「白河原」となり、屋敷や財産・従者など一夜ですべてを失ってしまったのである。ここには堤防を前提とした村落のあり方と、破堤した場合の被害の大きさが描かれている。

関東においては、大規模開発の前提として、幕府による築堤などの大土木工事が早期に実施されていたが、そこには関東と近畿周辺とでは平野のあり方が大きく異なるという問題もある。関東平野は、縄文海進期にはかなり内陸部まで海域となったため、沖積平野の形成が遅く、低湿な状態が長く続いた。また浅間山《あさまやま》の天仁元年（一一〇八）の噴火によって大量の土砂が流され、鎌倉時代にかけての短期間に、自然堤防や河畔砂丘《かはんさきゅう》が発達する。近世に付け替えられる以前の古利根川《ことねがわ》筋などでは、広大な湖沼《こしょう》・沼沢《しょうたく》地帯が連なっており、湛水《たんすい》しやすい環境下にあった。降雨などによってかなりの変動が生じるため、安定した灌漑《かんがい》区域の整備には、ある程度の洪水防御が必要であり、開発の前提として、築堤などの大土木工事が実施されねばならなかったのである。

畿内周辺では、水害をある程度許容しながら開発が進められ、築堤による水害対策が顕著になるのは、京都などを除いて、時期が下がる。生産や生活の基盤が拡大し、災害の危険性が高い地域にまで利用や居住が進むなかで、築堤などの対策が不可避となったのである。

東寺領山城国上桂荘《かみかつらのしょう》（現京都市右京区）は、上野荘《かみののしょう》とも呼ばれた小規模な荘園で、すぐ近くを桂川が流れるため、常に洪水に悩まされてきた。遠隔地荘園の支配が次第に不可能になっていくなかで、膝下に位置して、現地情報の収集や費用の効果的投下が可能であったため、東寺は井料《いりょう》支給などのかたちで、災害復旧への関与を戦国期まで維持し、荘園領主として生き延びていく。中世後期には、周辺荘園との協力関係の下に、荘域を越える築堤が進められる。しかし「去九月洪水の時、堤を切り、元の如く荒野に成さんと欲するの条、悪行の第一也」「洪水の時は他所他郷の者一人もなし、往来候《そうろう》に堤を切り候」（『山城国上桂庄史料』八六二）と訴えられているように、洪水の際には自らの被害を防ぐために、相手側の堤を切ることとさえ行われたのである。

破堤は洪水被害を一ヵ所に集中させるのであり、堤防を不可欠とする開発の進展が、危険性の増大と裏腹の関係にあったのは、東国と同じである。このように畿内周辺と関東とでは、直面する開発と災害に対する課題・手順が相違しており、それは荘園制のあり方にも、大きな影響を与えていたと思われる。

## 4　さまざまな洪水対策

### 水防林の機能

中世の紀行文などに描かれた河川は、現在とはかなり異なった環境下にあった。河道が固定されていない段階では、大洪水が発生すれば、河川は流路すら変えてしまうが、人々は生活空間を拡充していく過程で、さまざまに河川との関わりを深めていた。多くの地域で、まだ本格的な築堤が困難であった中世においては、人々は巧みに洪水との共存を果たしていくほかはなかったのである。また家屋や耕地などの流失・破壊を減少させることができれば、洪水には肥沃《ひよく》な土壌を堆積させる客土《きやくど》効果も存在した。

前述した東大寺領美濃国大井荘では、永仁三年（一二九五）に荘内の耕地や土地所有者を詳細に調査した帳簿（『鎌倉遺文』一八八五三・四）が作成される。総面積は四一〇町余で、水田が約六〇パーセントを占め、残りが畠や「竹」などである。条里にもとづいて書き上げられた一〇〇ヵ所に及ぶ「竹」の記載は、「住」と記された屋敷地と密接な関係にあった。タケは『日本書紀』景行天皇五七年九月条に、大和国坂手池《さかていけ》（現奈良県田原本町）を造り、堤の上に「竹」を植えたという記事があるのをはじめ、堤防の補強や水害防備林（水防林）として、高い有効性を発揮した樹種である。水防林は洪水の流勢を減じ、土石や流木などの衝突を和らげ、石や礫《れき》を堆積させるなど、洪水の破壊性を取り去る目的を有し、樹種としては、マツ・タケ・ヤナギなどが選ばれる。タケは浅根性だが、密生して生え、柔軟性に富むため、多数の竹幹や根・地下茎が流速を削いだり、水濾《みずこ》し・土留《つちど》めの作用を持つなど、水防効果は大きい。

大井荘では、屋敷を囲んで水害から防御するための竹林が、鎌倉時代に出現していたのである。大井荘域には、のちに周囲に堤防を廻らした輪中が成立するが、この段階ではまだ部分堤が存在していたにすぎない。輪中地帯の集落には水防のための竹林が多い。輪中堤が完全囲堤の懸廻堤ではなく、下流部に堤防を有さない尻無堤《しりなしつつみ》の段階では、無堤地に竹林を植えこみ、水防林とする事例もよく知られている。

樹林を水防に利用する知識は、広く展開している。天和年間（一六八一～八四）の三河上層百姓の著述と推定される『百姓伝記《ひゃくしょうでんき》』巻四には、「大河の近処、水押になる村里ならば、屋敷のかたはらに水塚をつき、水よけの竹木植置くべし」とある。近年まで洪水常襲

図 14　群馬県板倉町の水塚

図 15　木曽三川下流の輪中地帯の家屋（右は大垣市万石の水屋、左は同馬瀬の水屋にある上げ船）

地帯では、タケなどを主体とした屋敷林や周囲より高く盛土した「水塚《みずか》」「水屋《みずや》」「段倉《だんくら》」などと表現される水防施設がみられた。関東平野の古利根川・荒川流域周辺では、自然堤防上の微高地に屋敷林を構えるとともに、屋敷地の一部を盛り上げて避難用の「水塚」を建て、周囲には「構え堀」を廻らして水害に備えた。同書巻七の「川除堤に柳・竹を植る事」という項目には、「堤に柳・竹・芝を付けるは、土をしめるかこひなりとしるべし」とあり、ヤナギやタケが土を締めて、堤防を丈夫にするという機能が明記されている。同じく「大水をふせぐ事」には、洪水で堤防が守りきれない時は、水防林のあるところで洪水流《こうずいりゅう》を越えさせることを説いている。

タケは生長が早く、地下茎が盛土を固定するなどの機能とともに、筍《たけのこ》や建材・日用品材料としての利用価値も高い。災害という点からは、大地に広く根・地下茎を延ばすことから、土砂崩れ防止や地震対策などの機能も有する。内大臣を務めた中山忠親《なかやまただちか》の日記『山槐記《さんかいき》』元暦二年（一一八五）七月九日条には、「午剋地震、五十年已来《いらい》いまだ覚悟せず、家中男女上下男女皆竹原の下に衆居す」とあり、元暦地震の際に竹原が避難先になるなど、タケのこのような特性は古くから知られていた。

## 扇状地の水害

河川が山地から出て、勾配《こうばい》が急に緩やかになる扇状地《せんじょうち》では、上流から運搬された砂礫が堆積するため、河道は不安定で、氾濫しやすい。しかし中世においても、水害と闘いながら扇状地の開発は進む。大井川《おおいがわ》は南アルプス赤石山脈《あかしさんみゃく》の中央部に源を発し、急流となって流下する暴れ川であり、扇状地を形成しながら、すぐに駿河湾に至る。扇状地では流路は常に数本に分かれて流れ、激しい氾濫を繰り返したが、洪水のたびに各分流のバランスが変化し、一時的な流路を派生させた。遠江国初倉荘《はつくらのしょう》（現静岡県大井川町）は大井川扇状地の扇央《せんおう》から扇端《せんたん》に位置し、海岸部には砂礫州《されきす》（浜堤《ひんてい》）が形成されている。

中世の大井川は紀行文などにも描かれており、鎌倉時代の『海道記《かいどうき》』には、「大堰川《おおいがわ》を渡る。此河は中に渡り多く、水又さかし、流を越へ島を阻《へだ》て、瀬々片々に分《わかれ》たり」とある。同じく『東関紀行《とうかんきこう》』では、「大井川を見渡したれば、はるばると広き河原の中に、一筋ならず流れ分れたる川瀬ども、とかく入違ひたるやうにて」、また阿仏尼《あぶつに》『十六夜日記《いざよいにっき》』では、「今日は大井川といふ河を渡る。水いとあせて、聞きしには違ひて、わづらひなし。河原幾里とかや、いと遙か也。水の出でたらん面影、推し量らる」と記す。大井川の広い河原では、川が細かく分流して島（中州）が発達しており、阿仏尼が渡河した一〇月下旬には、水量も乏しかったことが知られる。このような島が初倉荘の主要な開発単位であった。

初倉荘は平安末期に摂関家領として成立し、のちに鳥羽院領となり、永仁七年（一二九九）に亀山上皇によって、南禅寺に寄進された。建武元年（一三三四）には、後醍醐天皇により、「遠江国初倉庄内大井河以東、鮎河《あゆかわ》郷・江富《えどめ》郷・吉永《よしなが》郷・藤守《ふじもり》郷等、寺家に付らる所也」と、南禅寺の支配が確認されている（『静岡県史史料編六』四五）。正確な荘域や面積は不明であるが、大井川下流に広がっており、そのうちの大井川以東の四郷が南禅寺領であった。これらの郷は、すべて古代以来の郷ではなく、中世に新しく登場した郷で、のちに近世村となる。

なお駿河・遠江の旧国境は大井川の旧流路の一つ栃山川《とちやまがわ》で、以前はそこが本流であったと推定されるが、この時点では大井川本流は、現在より西側の湯日川《ゆいがわ》筋を流れていたと推測される。嘉慶元年（一三八七）一二月の年貢賦課額を書き上げた注文（同一〇五八）に、鮎河郷に付属する河尻村が現れるが、鮎河（現相川《あいかわ》）は本流東岸に位置するものの、川尻は現在は西岸になり、その間を大井川が流れているのである。

注文には、前述した四郷と河尻村および上泉《かみいずみ》村が記されており、上泉村は江富郷に、付属したと推測される。江富郷には三八町五段余、上泉村は一八町四段余、鮎河郷四町八段余、合計六一町八段余の河原新田が記され、吉永郷にも河原新田が存在しており、これらの郷・村では開発が積極的に進行していた。嘉吉三年（一四四三）の江富郷の検地目録（同二〇三八）には、一番から四五番までの名主百姓が保有する本田・新田・畠それぞれの字名《あざめい》・面積・斗代《とだい》（一段あたりの年貢高）・分米《ぶんまい》（年貢高）などが記載されている。

江富郷の新田の所在地表記は「島」が付く場合が圧倒的に多く、「河原」がそれに次ぐ。島は河川が乱流する扇状地上の微高地で、開発の主要な対象となっていたが、一六町を超えるものから一町余にすぎないものまで、さまざまな規模の島があった。名主百姓の所有耕地は広く散在してる場合が一般的で、開発や買得に起因するのであろうが、分散させて災害リスクを小さくするという意味があったのかもしれない。また「西勝島堤添」などの表記から、堤の存在が明らかであり、「藤守溝添」などの溝や、「屋敷前河端」「五郎丸堀端」などの河・堀が随所にみられる。

### 舟型屋敷と環濠集落

大井川扇状地は、島状の微高地上に個々の屋敷が点在する散村《さんそん》地帯として知られる。そ

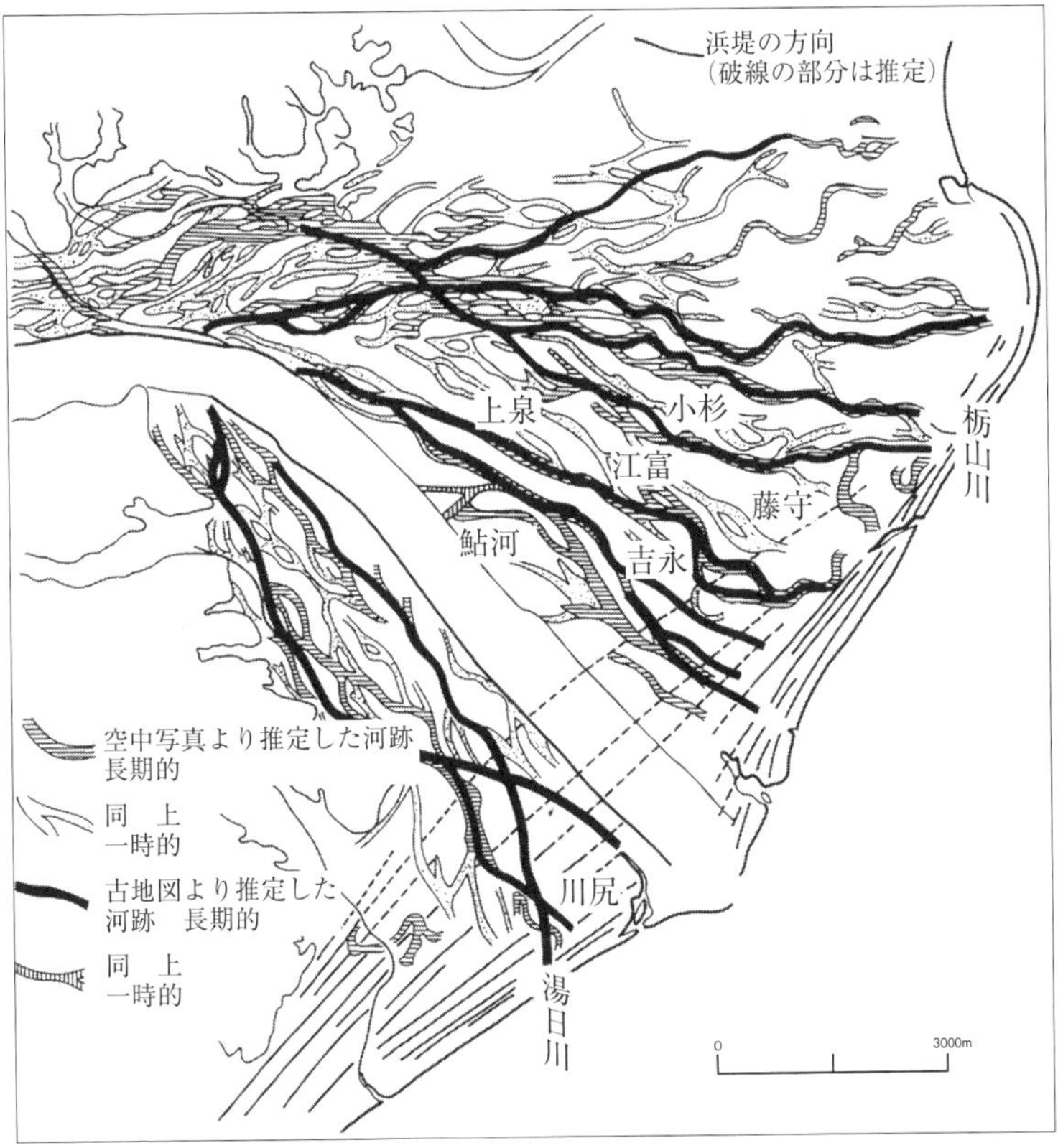


図 16　大井川扇状地の旧流路（日下雅義『平野の地形環境』古今書院、1973 年をもとに作成）

れぞれの屋敷の周囲には土手が築かれ、その外側に溝・水路を廻らすとともに、タケ・マツなどを植えて屋敷林を構えた。この地域で注目されるのが舟型屋敷・三角屋敷で、洪水を防ぐ手段として舟型や鋭角な三角形の形態を持ち、舳《へ》先《さき》・頂点を洪水流の押し寄せてくる方向に向け、先端部には土石を小高く盛り上げて小森（ボタ）が作られ、地の神や墓が配置された。

　このような舟型屋敷・三角屋敷は、従来は近世以降の成立と考えられてきたが、天竜川《てんりゅうがわ》の東、袋井市の十二所居館跡《じゅうにしょきょかんあと》は、一三世紀中頃から後半にかけて成立した舟型屋敷の祖形と評価されている。東西八〇・南北一一〇メートル、高さ七〜八〇センチほどの土塁の内外両側には溝が巡っているが、この土塁の高さでは防衛機能は望めず、水防施設と考えることができる。江富郷検地目録にみえた多くの堤や溝・堀も、舟型屋敷の土手・溝と同じように、洪水流への対応という役割を果たしたと思われる。

　大井川扇状地でも、海に接する扇端部には、藤守輪中・川尻輪中・小杉輪中などの輪中が存在し、舟型屋敷などはみられない。藤守・川尻は初倉荘の構成村落であり、小杉は初倉荘の北に接する伊勢神宮領小杉御厨《こすぎのみくりや》に系譜を引き、平安末・鎌倉初期にはその地名が確認できる。これらの輪中は藤守を除き、下流側に堤防を持たないが、これは大井川扇状地の勾配が大きく、洪水流が下流から逆流する危険性が小さいからである。なお藤守の下流側の堤防は、洪水除けではなく防潮堤《ぼうちょうてい》である。輪中堤の成立時期を示す史料はないが、藤守では堤内に「九文（公文《くもん》）給」「万所（政所《まんどころ》）」などの中世からの地名を残しており、築堤は古くまで遡ると思われる。藤守の藤守遺跡からは、平安時代末期から鎌倉時代の集落が検出されており、排水を主目的とする区画溝が確認でき、花粉分析からは、鎌倉時代以降は遺跡付近に水田環境が広がっていた可能性が高いという。

文安二年（一四四五）八月の年貢納入に関する取り決め（同二〇五五）には、「風損」「浜添塩入三郷」や「当年水入・河押」などの処置も決定されている。この史料は同年六月初に全国的な被害を出した大型台風に関連するが、初倉荘の海岸寄りでは風波で海水が逆流し、上流からは大井川の洪水流が襲ったのである。このような被害に対応したのが、輪中堤や堤・堀などであった。部分堤や土手をともなう島の開発は確実に中世まで遡り、舟型屋敷なども荘域に広く分布する。史料からは屋敷地の形状や屋敷林を確認することはできないが、居住形態に合わせた多様な災害対応が組み込まれていたはずである。

散村が展開する地域は、大規模な扇状地や大河下流部など、さほど多くはない。それに対し、時期差・地域差はあるものの、中世後期には西日本の平地部を中心に、広範囲に集

図 17　大井川扇状地の舟型屋敷（下はその先端部）

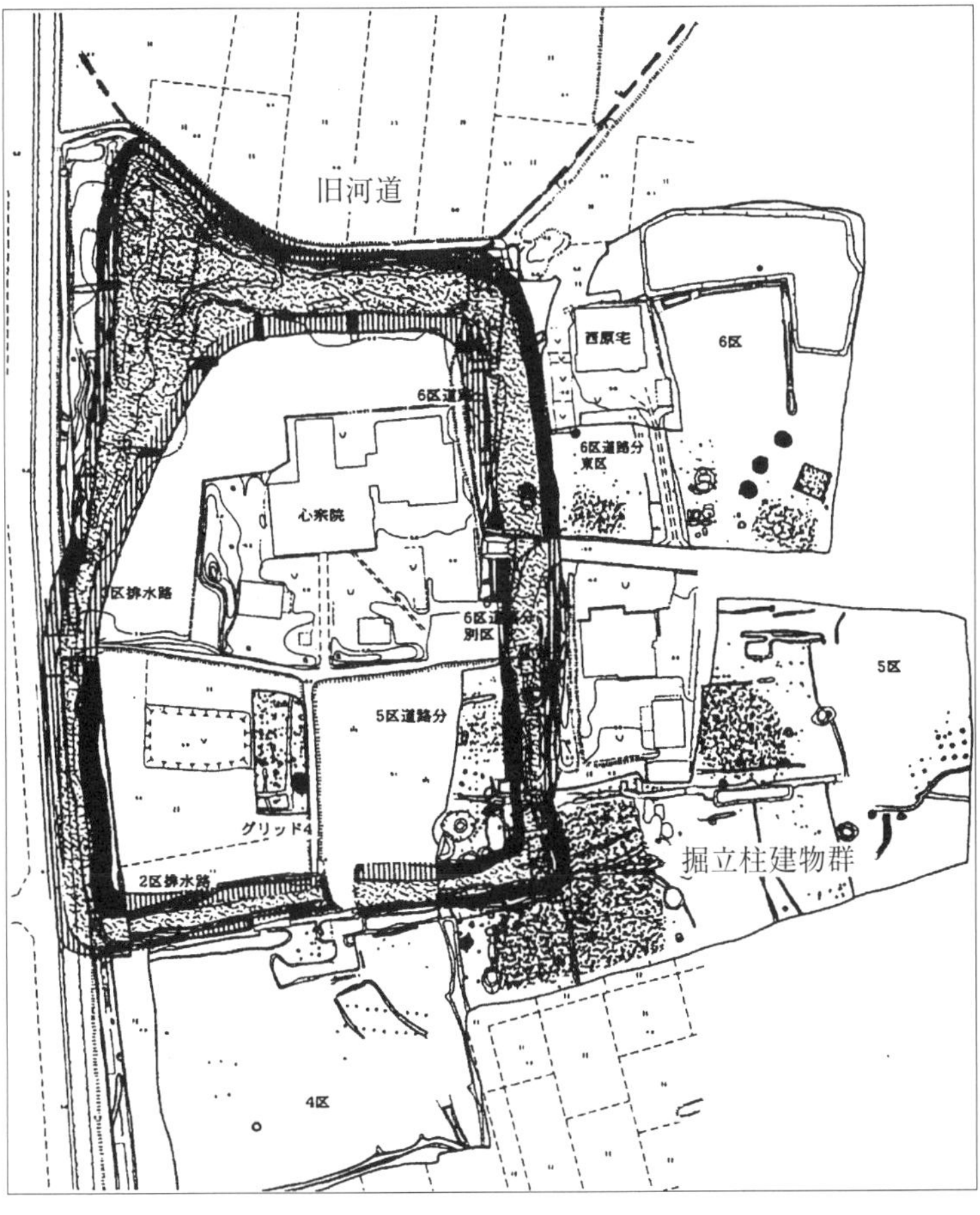


図18　十二所居館跡（山本義隆「十二所遺跡」『中世の伊豆・駿河・遠江』高志書院、2005年をもとに作成）

村化が進行していく。その過程で、屋敷を単位とした水防林や堤・堀などとは異なる、新たな水害対応が登場してくる。集村化とは、屋敷地を一ヵ所に集中し、土地利用や用水系などを再編・高度化して、より強力な村落を作り上げていく動きであり、共同体規制が強化され、村落レベルでの災害対応能力もより高められていくのである。囲堤《かこいづつみ》については後述するが、集落にめぐらされた環濠《かんごう》も、災害対策から考える必要がある。環濠集落は大和盆地などで顕著に発展し、盆地中央部の若槻《わかつき》や番条《ばんじょう》では、一五世紀に環濠集落化していたことが文書などから確認できる。環濠の機能については、ごく大雑把にいうならば、文献史学や考古学が城館研究の一部として、防衛・軍事面から議論してきたのに対して、地理学では水防・灌漑面に関心を寄せてきた。

大和盆地は旱害・水害の常襲地帯であり、環濠集落の大多数は水旱損多発地である盆地低地部に立地する。この地域には、河川に造成されるのではなく、集落を洪水から守る堤防（請堤《うけづつみ》）を有する村落が多くみられるが、その半数ほどは環濠集落である。環濠は竹藪を廻らせた土塁とセットになって、洪水流を一時的に貯留するなどの遊水池や溜池としての機能を果たしたと想定されるが、同時に防衛機能を併せ持つことも十分あり得る。戦乱と災害は人々の生活を脅かす危機にほかならず、環濠は危機を乗り切るための多面的な役

図19　大和郡山市の稗田環濠集落

割を有していたと考えてよい。そのため、戦乱が終わっても、長く維持され続けたのである。

水害対策を基本とした堀・環濠は、ほかの地域でも確認できる。近江湖東の野洲川《やすがわ》水系境川の自然堤防上に位置する守山市の横江遺跡《よこえいせき》では、一三世紀後半から一四世紀末の、それぞれの屋敷地を幅四メートル、深さ一メートルの堀で囲った集落跡が確認されている。堀は浅く、土塁をともなわないなど、防御機能は弱い。掘り上げた土で屋敷地をかさ上げするとともに、洪水流を堀でコントロールしていたと考えられるのである。

なお前述した山城国上桂荘で、「当庄においては、洪水の時殊に難儀のため、用意の船有り」（『山城国上桂庄史料』記録三四）とあるように、避難や物資輸送などのために船が準備されていた。上桂荘はごく小規模な荘園であり、これも実質的には村落レベルでの水害対応といえよう。

## 5　開発と環境変化

### 榎坂郷穂積村の囲堤

中世における開発の進展は新たな災害の危険性を増大させるが、それに対応した施策も次第に明確になっていく。文治五年（一一八九）三月の春日社領摂津国垂水《たるみ》西牧榎《にしまきえ》坂郷《さかごう》（現大阪府吹田市西部・豊中市南部）の耕地状況や耕作者を書き上げた検注帳《けんちゅうちょう》（『鎌倉遺文』三七六・七）には、田畠・川・堤などとともに、「壟《ろう》」という地目《ちもく》が八〇筆ほど表れる。「壟」は、①丘、②畝《うね》・畔《あぜ》、③塚といった意味があるが、榎坂郷の場合は、「壟」単独あるいは「屋敷壟」「堤壟」などと表記され、最小一〇歩から最大一段余までの面積を有する。

榎坂郷（鎌倉時代には垂水村・榎坂村・小曾禰《こそね》村・穂積《ほづみ》村の四村から構成）は北部の千里《せんり》丘陵と、南部を東西に流れる淀川水系の三国川《みくにがわ》（現神崎川《かんざきがわ》）に挟まれた平野に位置し、千里丘陵から流下する糸田川《いとだがわ》・高川《たかがわ》・天竺川《てんじくがわ》は小扇状地を形成し、容易に氾濫して土砂を堆積させる。検注帳にみえる「堤」は、糸田川などの要所に造成された部分堤をさすが、「壟」も水害対処の過程で出現した土砂を盛り上げた場所と考えられ、一三・一四世紀には「ハマ」「浜」と表現されるようになる。

　文治段階での「壟」はかなり広い範囲にみられ、天竺川も現在より西寄りを流れていたと推測されているが、延応元年（一二三九）の穂積村の耕地を名《みょう》ごとに書き上げた帳簿（『鎌倉遺文』五五一七）、および貞治元年（一三六二）の榎坂村や小曾禰村の帳簿（『春日大社南郷目代今西家文書』）では、「浜」「ハマ」は現在の直線化された天竺川に沿う分布となり、洪水の状況にも変化が現れる。一三世紀後半からはこの地域でも集村化が進み、現在につながる集落が形成されていくが、帳簿に記された「堤」の位置から、穂積村に近年まで存続していた集落と耕地を取り囲む囲堤が、一四世紀後半には構築され始めたことが推測できる。この囲堤によって、堤の内側には「浜」は出現しなくなる。

　榎坂郷に接する東寺領垂水荘では、「同（建武）三年（一三三六）八月日大洪水の時、十尋河水出で、円隆寺前堤切れ候いおわんぬ。よって莫大の公田浜成候。（中略）また暦応元年（一三三八）七月八日洪水の時、この堤切れ候。（中略）件の十尋川と云うは千重（里）山の山河に候なり、しかるに洪水の時、山崩れて砂流下し、若干の公田荒浜になり候」（『吹田市史第五巻』一二五）と、

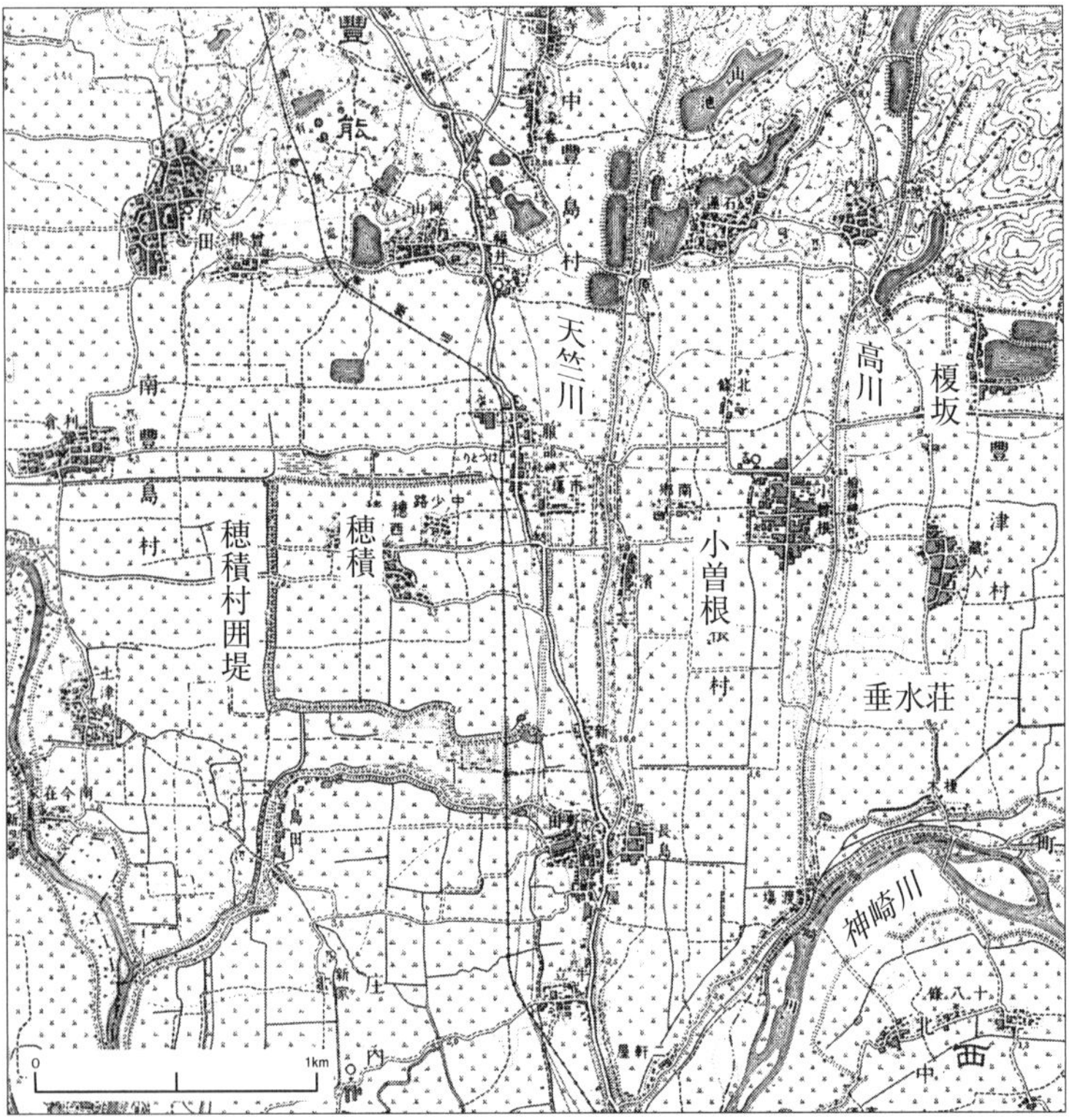


図 20　垂水西牧周辺地形図

洪水被害が続出していた。千里丘陵から流れ出る「十尋川」(高川)は洪水を起こして、大量の土砂を堆積させたため、多くの公田が「荒浜」になってしまったのである。

北東部の茨木市玉櫛《たまぐし》遺跡《いせき》の花粉分析からは、一二世紀以降、原生的な森林が切り開かれて、マツの二次林が急速に拡大していた事実が知られており、洪水増加の背景として上流の山林開発や荒廃が進行していたことが明らかである。現在、高川などはすべて、河床が周辺の平地面より高い天井川《てんじょうがわ》となっている。

なお三国川の三国堤は、垂水西牧榎坂郷や東寺領垂水荘などの四ヵ所の共同負担によって修築されていたが、低湿で「河成《かわなり》」が多く発生し、また堆積した土砂が島を形成するなどの環境にあった。応永一〇年(一四〇三)の榎坂郷名主百姓の訴えによれば、垂水荘が荒廃を理由に堤料《つつみりよう》を下行《げぎよう》しないため、三国堤の修築が困難になったという(同一二三二)。複数の荘園にまたがる大規模な堤防の管理は、利害の調整が不可欠で、強力なリーダーシップが必要である。それがなければ維持が困難になってしまうが、一方では穂積村のように、村落全体を取り囲む囲堤を村落レベルで構築していく事例も現れるのである。

## 山林開発と水害

災害復旧の姿は、発掘調査からより鮮明にとらえることができる。河内平野は沖積作用によって大きく地形を変化させてきたが、その東部に位置する池島《いけしま》・福万寺遺跡《ふくまんじいせき》（大阪府八尾市・東大阪市）では、縄文時代後期以降およそ三〇にのぼる旧地表面が発掘調査されており、洪水によって頻繁に地表面が埋積されたことが知られる。遺跡は東の生駒山地《いこまさんち》から広がる扇状地と、西の旧大和川水系の玉串川《たまくしがわ》の自然堤防に挟まれた低地部に立地する。開発そのものは古くまで遡るが、一一世紀後半・一二世紀前半が耕地開発の画期で、灌漑水路が整備され、大規模な溜池も造成される。一五世紀後半・一六世紀は洪水の頻度が高く、玉串川の氾濫によって微高地が形成されるが、水田復旧にともなって堆積した土砂を島状に盛り上げた島畠《しまばた》が拡張されていく。花粉分析からは、一一世紀後半・一二世紀以降にソバなどが、一五世紀後半からはアブラナなどの商品作物がみられるようになる。水害からの復旧過程で島畠が形成されていく事例は、第二章でふれた大和盆地の箸尾遺跡《はしおいせき》でも確認できた。周辺山地では、一〇世紀後半・一一世紀以降、マツの花粉が増加し、マツの二次林が維持・管理されていた可能性が高いが、一五世紀後半・一六世紀以降になると、森林植生は衰退し、はげ山が拡大していく。

図21　池島・福万寺遺跡（現恩智川治水緑地）からみる生駒山

池島・福万寺遺跡周辺は、藤原氏の氏長者《うじのちょうじゃ》（通常は摂政・関白に就く）が管轄する殿下《でんか》渡領《わたりりょう》の玉櫛荘《たまくしのしょう》であったと推定されているが、その至近には醍醐寺《だいごじ》領郡荘《こおりのしょう》が位置し、玉櫛荘民による越境耕作が問題となっていた。建武四年（一三三七）には、郡荘五〇町のうち、田八町三段二七六歩・年貢米一三石二升八合および畠八町七段一四歩・年貢蕎《そ》麦《ば》九石五斗七升四合四勺が玉櫛荘の取り分となっており、そのうち田の五斗・畠の六斗が堤料であった（『醍醐寺文書』二八七六・七）。畠年貢はソバが基本であったが、それは島畠の花粉分析とも一致する。

中世後期からの水害の増加は、降水量の増大とともに、上流生駒山地の山林開発が原因であり、耕地と山林の開発は連動していた。同じく生駒西麓の大阪府寝屋川市讃良《さらら》郡条里《ぐんじょうり》遺跡《いせき》でも、中世前半に扇状地から山地斜面において、一二世紀頃をピークに二次林化が進行する一方で、低地部では耕作地として利用が続くようになる。マツ二次林の急激な拡大・維持、ススキなどの草地の拡大など、一二世紀以降の山林植生の変化は、農用林として人間に管理され、里山的な利用が行われたためと考えられる。一五・一六世紀以降は、林が縮小して草地が拡大するなど、山林利用が変化し、一六・一七世紀にははげ山状態になって、土砂流出量を増大させている。

西日本では一五世紀以降、上流で山林開発が進行して土砂の流出が激しくなる一方で、下流では連続堤が築造されて、河道が固定されるようになる。その結果、土砂の堆積が河道内に集中することによって、天井川が形成されていく。琵琶湖岸に近い滋賀県野洲市の堤遺跡《つつみいせき》からは、基底幅約七メートル、高さ二メートル余の台形の堤防跡が、川底幅約一八メートル余の左右に検出され、一五世紀に人工的に野洲川北流を固定して以降、短期間に天井川が形成されたことが確認された。連続堤による河川の固定は、これまで述べてきたように、破堤による大被害をもたらす。安治《あわじ》区有文書中の「いろいろ帳」によれば、明応五年（一四九六）八月および同六年一月の「つつみきれ（堤切）」によって、野洲川下流域の兵主《ひょうず》一八郷（村）のうち、一三郷が水に漬くという被害を受ける。いったん破堤すれば、洪水流は元の河川には戻らず、大きな被害を余儀なくされるのである。この地域では、一四世紀後半以降再開発が進み、一五世紀末には周辺の村落が統合され、兵主一八郷の組織が成立したが、このような村落連合が連続堤を造り上げていく原動力となったのである。

なお水害の原因は河川からの洪水だけではない。海岸では、台風・低気圧による高波・高潮などによっても、水害が発生する。湖の場合、河川などを通じて排出される量を超える降雨や流入水量の増大によって、水位の上昇が起きる。琵琶湖岸では、季節的な水位変動によって陸域と水域を推移する低湿地が広がり、柔軟で多様な土地利用や生業が展開していたが、豪雨などによって水位が異常に上昇すると、湖岸一帯が水没する「水込み」と呼ばれる水害となる。

## 6　水害への宗教的対応

最後に宗教的な水害対応についてふれておこう。霖雨・大雨が続いた時に実施される国家的な止雨の儀礼は、第二章で確認した旱魃の際の祈雨儀礼と同じく、大和国丹生《にう》川上神《かわかみじん》社《じゃ》・山城国貴布禰《きぶね》神社《じんじゃ》などが代表的な対象となっており、祈雨時には黒馬が、祈止雨時は白馬が奉納されるなどの相違はあるものの、止雨と祈雨の儀礼は一体的な展開をみせている。それは仏教による祈禱・法会でも同じであった。しかし宗教的対応はこのような儀礼・祈禱だけにはとどまらない。前述したように、築堤が水害に対する最も効果的な対応であることは、当時においても明確に意識されていたが、その築堤工事などにも宗教は密接に関わっている。

美濃国大榑荘《おおくれのしょう》（現岐阜県平田町・輪之内町）は、長良川右岸に位置し、のちには輪中地帯の一角となる。延文五年（一三六〇）八月の大洪水によって、荘内勝村郷《かつむらごう》の堤が三ヵ所にわたって決壊し、百姓の多くが逃散して、残った田畠も荒野となってしまう。堤の修復は困難をきわめ、「堤入眼《じゅがん》（完成）」「堤成就」の祈禱のために、田畠が勝村郷観音寺に寄進された（『岐阜県史史料編古代・中世四』九八・九九）。仏神事は築堤工事遂行の不可欠の一環であったのである。

応永二六年（一四一九）に造成されたものの利用できないまま放置されていた和泉国日《ひ》根荘日根野村《ねのしょうひねの》（現大阪府泉佐野市）の十二谷下池《じゅうにたにしもいけ》では、永享三年（一四三一）に井原《いはら》村・檀波羅蜜《だんはらみつ》村との間で、三ヵ村の池水や堤の支配をめぐる契約が成立し、嘉吉元年（一四四一）六月に工事完成にあたっての神仏への祭文《さいもん》が作成された（『新修泉佐野市史史料編古代・中世Ⅰ』一〇六)。祭祀を主掌したのは檀婆羅蜜寺の宣照房で、竜王竜女や土公（土を司る神）・水神などを祀り、竜神殿を池神として勧請《かんじょう》し、祭文は証拠文書として、「末代の規式（規則）」とされた。「水神を祭らざれば、いかでか五穀成熟を得るや」として、守護の関係者も参加したこの祭祀は、陰陽道《おんみょうどう》によるもので、吉凶や異変を判断し、土地神などを鎮める陰陽師《おんみょうじ》は、土木工事の実施に欠かせない存在であった。呪術・宗教と技術が未分離な中世社会では、工学的対応も宗教的対応と一体的に進められたのである。

# 第四章　風害と砂丘・津湊

## 1　風への意識

風は人々の生活に重大な影響を与え、適度な風は農耕や航海などに不可欠であるが、強すぎる風は計り知れない被害をもたらす。『枕草子』一二〇〇段の「野わきのまたの日こそ、いみじうあはれにをかしけれ」をはじめ、文学作品に野分などと表現される暴風の情景がよく描かれるように、強風は頻繁に体験する自然現象の一つであり、限度を超えた風は、人々にとって災い＝風害となる。

人々の風に対する関心は高く、自らの感情をさまざまな風に重ね合わせて表現するとともに、風を神仏や精霊、怨霊《おんりょう》などの意思ととらえ、信仰の対象とした。人は生きている限り、風を意識せざるをえないが、古代の神祇信仰などに関わるものを除けば、風害をとりあげた歴史学的研究は、ほとんどないのが現状である。身近な山野から獲得された自給的素材で建てられた古代・中世の民衆住居が、どれだけの強風に耐えられたのかは不明であるが、風害は家屋や身体に直接被害を及ぼすだけでなく、食料生産に大打撃を与える農業災害を引き起こす。風向・風力は、屋敷・集落や津湊《しんそう》の立地などにおいても強く意識されており、生業のあり方に大きな影響を与えたのである。

強い風によって受ける被害である風害は、発達した低気圧・前線にともなって発生するものや、冬の季節風が中心となるが、高温で乾燥した風（フェーン）による乾風害もある。また竜巻や旋風（つむじ風・辻風《つじかぜ》）などのように、規模が小さく短時間ではあるが、猛烈な突風によって被害が発生することもある。後述するように、史料の多くは台風関係で、強風と大雨・洪水、海岸部では高潮《たかしお》・波浪が重なり、時として大規模な風水害となった。現代社会では気象観測技術の飛躍的な発展もあり、以前に比べて、台風などによる死者数は大幅に減少しつつあるものの、それでも被害をなくすことは不可能である。

当然、農業生産にも甚大な影響が出るのであり、強風にともなう屈曲・摩擦などにより、作物体の倒伏《とうふく》・折損《せっそん》や枝葉の損傷、落果《らっか》・脱粒《だつりゅう》などの損害が発生する。強風は必要以上に水分を奪取するため、乾燥死を引き起こし、また強い風に耕土が飛び、農作物が埋まったり、根が露出して、被害を受けることもある。風害はほかの農業災害と複合・連鎖して、飢饉《ききん》の原因となった。

なお『方丈記《ほうじょうき》』が「風烈しく吹きて、静かならざりし夜、戌《いぬ》の時ばかり、都の東南より火出で来て、西北に至る。はてには朱雀門《すざくもん》・大極殿《だいごくでん》・大学寮・民部省などまで移りて、一夜のうちに塵灰《じんかい》となりにき」と安元三年（一一七七）大火を描くように、都市部において、強風が火災と結び付いた場合には、大火の要因ともなるのである。

## 2　古代・中世の風害

### 強風による被害

人々の生活に被害をもたらす強風は、記録や文書には暴風などもみられるが、大風と表現されることが多い。文学作品でも、王朝文学や歌語には野分などの表現があるものの、説話・軍記物などにはあまり使用されず、やはり大風が一般的である。大風はその規模はさまざまであるが、大きな被害を出して記録に残されるものは、一二世紀後半・一三世紀から登場する頻度が高まっていく。大風は七・八・九月に発生したものが多く、台風による強風が多数を占めていたと推測されるが、冬の大風も少なからず存在している。台風以外の低気圧や季節風による強風も、史料では大風と表現されるのである。

「大風、諸司幷びに大小舎屋を吹き損じ、或いはもって顚倒《てんとう》す」（『日本紀略《にほんきりやく》』長徳二年〈九九六〉閏七月二一日条）などは、台風被害の一般的表現といってよいもので、官司・寺社や民家の倒壊記事は、日記などに多くみられる。また台風などにともなう気圧降下と強風によって、海面が異常に上昇して発生する高潮は、洪水とともに甚大な被害を与えた。『扶桑略記《ふそうりやくき》』寛治六年（一〇九二）八月三日条では、「大風、諸国洪水・高潮の間、民烟《みんえん》（民家）田畠多くもって海となる」という。海水が入る高潮は塩害をもたらし、復旧にはより困難が増す。

風害は発生時期によって、農作物などへの被害のあり方は大きく異なり、たとえば開花期の強風は稲作に大きな被害を与える。『吾妻鏡』寛喜元年（一二二九）八月一七日条には、「暴風甚雨、巳《み》刻休止す、稲花悉《ことごと》く枯ると云々」とある。応永一五年（一四〇八）九月、山城国上久世荘《かみくぜのしょう》の名主百姓は、七月の大風で早田・中田は半損し、八月の大風では晩田が「稲華損失」したため、大幅な年貢減免を求めた（『東寺文書六』九〇）。『多聞院日記《たもんいんにっき》』永禄一一年（一五六八）六月二五日条にも、「早田の花散、瓜《うり》・茄子《なす》・夏まめ（豆）以下悉《ことごと》くもって風損大けかつ（飢渇）なり」とあり、風によるイネの花への害が凶作につながることは十分認識されていた。また一三世紀前半～中頃に成立した『宇治拾遺物語《うじしゅういものがたり》』巻一――一三には、風が激しく吹くのを見た比叡山の児《ちご》が、「我父の作たるむぎ(麦)の花の散りてみ(実)のい(入)らざらん思ふがわびしき」と泣いた話が収録されている。ムギの開花期における強風も、不作の原因としてよく知られていたのである。

## 「永祚の風」と長元七年台風

永祚元年（九八九）八月一三日に京都を襲った、最も著名な台風について確認しておこう。『日本紀略』同日条に、「酉戌《とりいぬ》の刻、大風、宮城門舎多くもって顛倒す、（中略）また洪水高潮、畿内海浜河辺の民烟、人畜田畝《でんぽ》この為に皆没す、死亡損害、天下大災、古今無比」とあるのをはじめ、永祚元年台風は多くの記録に特筆された巨大台風である。宮城の門や殿舎を転倒させ、畿内を中心に洪水・高潮の大被害を出したため、朝廷は伊勢・石清水・賀茂・松尾・平野・稲荷以下の諸社に奉幣《ほうへい》する（同九月七日条）。「詔《みことのり》す、永祚二年を改め、正暦元年となす、天下に大赦《たいしゃ》す、（中略）大風天変によるなり」（『日本紀略』正暦元年〈九九〇〉一一月七日条）など、改元・大赦もなされた。

承久二年（一二二〇）頃に成立した慈円《じえん》『愚管抄《ぐかんしょう》』巻四に、「永祚の風さらに及ばぬ天災なり」と、「永祚の風」をほかとは比べものにならない天災としているのをはじめ、この台風は「永祚の風とて、末の世まで聞ゆる風」（『撰集抄《せんじゅうしょう》』）など、のちのさまざまな記録・文献にも登場する。「貞観の旱」と並べて「永祚の風」にふれる場合も多く、旱魃《かんばつ》の代表例が「貞観の旱」であるのに対し、大風の代名詞が「永祚の風」で、中世において広く伝説化されていく。

諏訪《すわ》上社《かみしゃ》の神使《しんし》御頭役《おんとうやく》の記録（『山梨県史資料編六』）に、天正九年（一五四〇）八月の大風被害の説明にあたって、「シハマクリ風」という五〇〇年前の暴風が例に出されている。一五世紀半ば頃成立の『鴉鷺物語《あろものがたり》』が、「永祚の風が芝をまくりて古木を裂き」と表現しているように、芝を巻き上げてしまうほどの猛烈な大風という意味の「シハマクリ風」は、「永祚の風」の別称となっていたのである。

永祚元年台風はその激しさが強調されるものの、被害結果が知られるだけであるが、長元七年（一〇三四）の台風は、参議左大弁《さんぎさだいべん》の任にあった実務官僚源経頼《みなもとのつねより》の日記『左経記《さけいき》』にまとまった記述があり、具体的な経過をたどることができる。八月九日条には、自宅の被害とともに、風向きの変化が記録されており、夕方には艮《うしとら》（北東）の風が吹き、夜には東風、夜半には巽《たつみ》（南東）の風となり、暁には南風に変わり、勢いも衰えていったとあるように、台風は夜に京都の西側を北に抜けた。

一〇日条には、刻々と伝えられる街々の建物・官舎の転倒・破損、人や牛馬の死傷に関する情報や、大内裏の主な建物や門、回廊などがことごとく損壊した状況が書き留められている。建物は倒壊しても、死に至る者はさほど多くなかったようで、一二日になると、「淀《よど》、山埼《やまざき》・河尻、長洲《ながす》辺の人畜屋財多くもって損死す、また諸国の船同じく流る」と、各地の津湊からの被害状況が伝えられる。「風勢永祚に劣るといえども、物損多く彼の年に勝る」と、暴風の激しさは永祚台風に劣るかもしれないが、物的被害は永祚以上と記しており、やはり巨大台風の基準は永祚台風であった。なお一六日条には、大風以前に東方に彗星《すいせい》が出現していたのに、天文道の官人の発見が遅れ、一三日に奏上したという話を記すが、彗星は大風か地震の時に出現するという。一九日には、台風被害を受けた殿舎や門・廊堂・官舎などの国家的施設の再建を諸国に割り当て、復興を請け負わせている。

『左経記』の記者にとって、台風は建物などの物理的被害やそれにともなう人的被害をもたらすものであったが、視野に入っているのは京都であり、それ以外は京都と直結した交通・物流の拠点である淀などにすぎない。台風による農業生産などへの打撃は、影響の確認に時間がかかることもあり、全く意識には上っていない。彗星の出現に言及するなど、支配者の不徳・失政に対して、天が忠告・懲罰として災異を下すとする思想がうかがえるもののの、公家たちの関心は、やはり社会上層部とその都市的基盤に集中していた。

## 辻風と季節風

これらの巨大台風に対し、空間スケールの小さい突風の代表例が、『方丈記』にも記された治承四年（一一八〇）の辻風（旋風）である。「治承四年卯月のころ、中御門京極《なかみかどきようごく》のほどより大きなる辻風おこりて、六条わたりまで吹ける事侍《はべ》りき。三四町を吹きまくる間に、こもれる家ども、大きなるも小さきも、一つとして破れざるはなし」、以下四〇〇字ほどで、この風の凄まじさを的確に描いている。旋風は飄風《ひようふう》などと表現されることが多く、大規模なものはのちに竜巻と呼ばれるようになるが、中心部の気圧が低くなり、樹木や家屋などを瞬時に巻き上げて大きな被害を及ぼす。

大風の記事が日記などに頻繁に表れるのに対し、旋風はその局地的性格から、記録類にはさほど多くは見えない。しかし治承四年の旋風は、『平家物語』『百錬抄《ひやくれんしよう》』『明月記《めいげつき》』『山槐記《さんかいき》』などにも描かれ、通常を超えた凄まじい風は、仏法・王法が傾き、戦乱が続く前兆とみなされている。鴨長明《かものちようめい》は、うち続く災害を安易に神仏の祟《たた》りなどには解消せず、不安定な都市生活を冷静に見据えているが、それでも「さるべきもの」の警告の可能性を

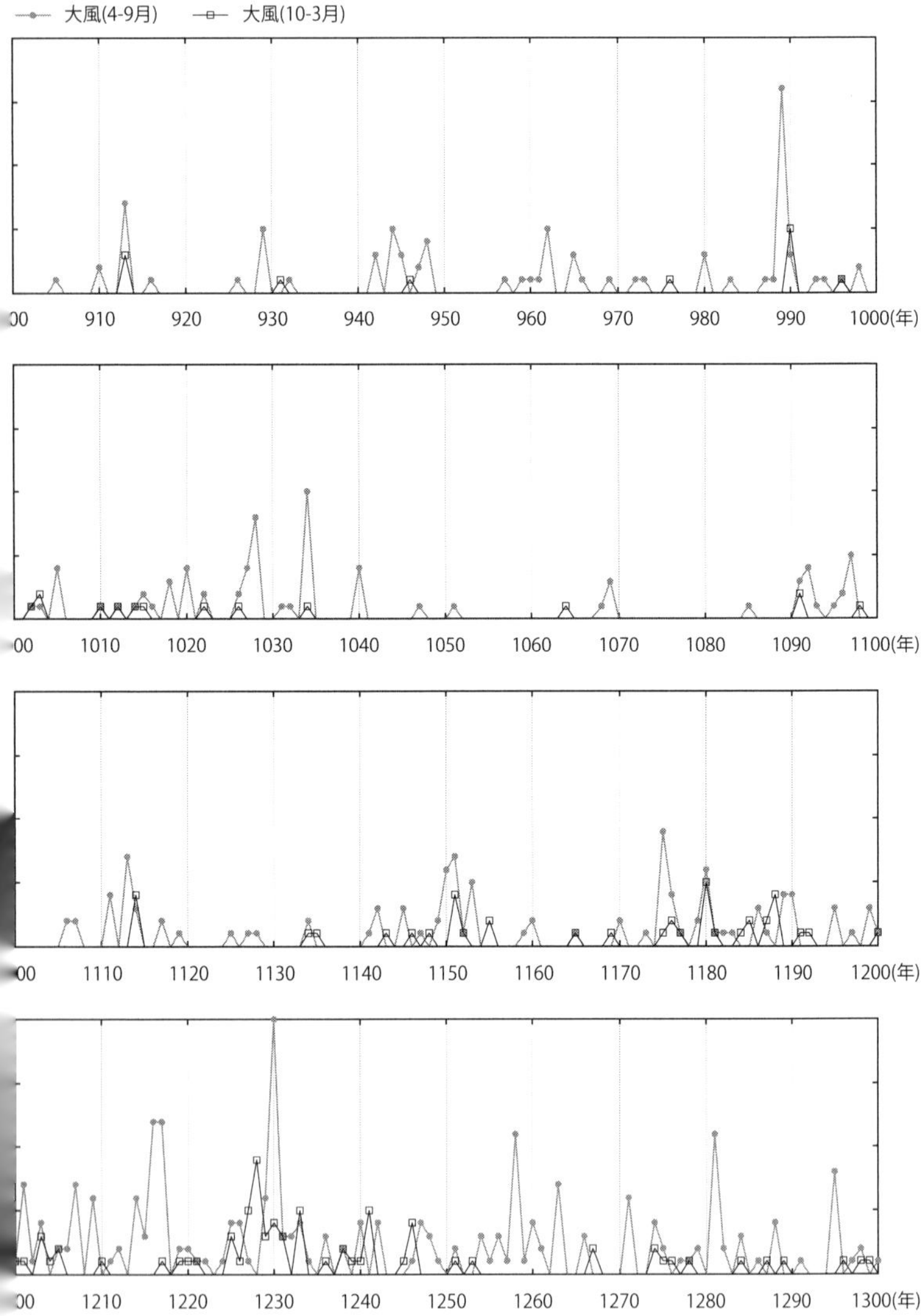
大風(4-9月)
大風(10-3月)
910 920 930 940 950 960 970 980 990 1000(年)
1010 1020 1030 1040 1050 1060 1070 1080 1090 1100(年)
1110 1120 1130 1140 1150 1160 1170 1180 1190 1200(年)
1210 1220 1230 1240 1250 1260 1270 1280 1290 1300(年)

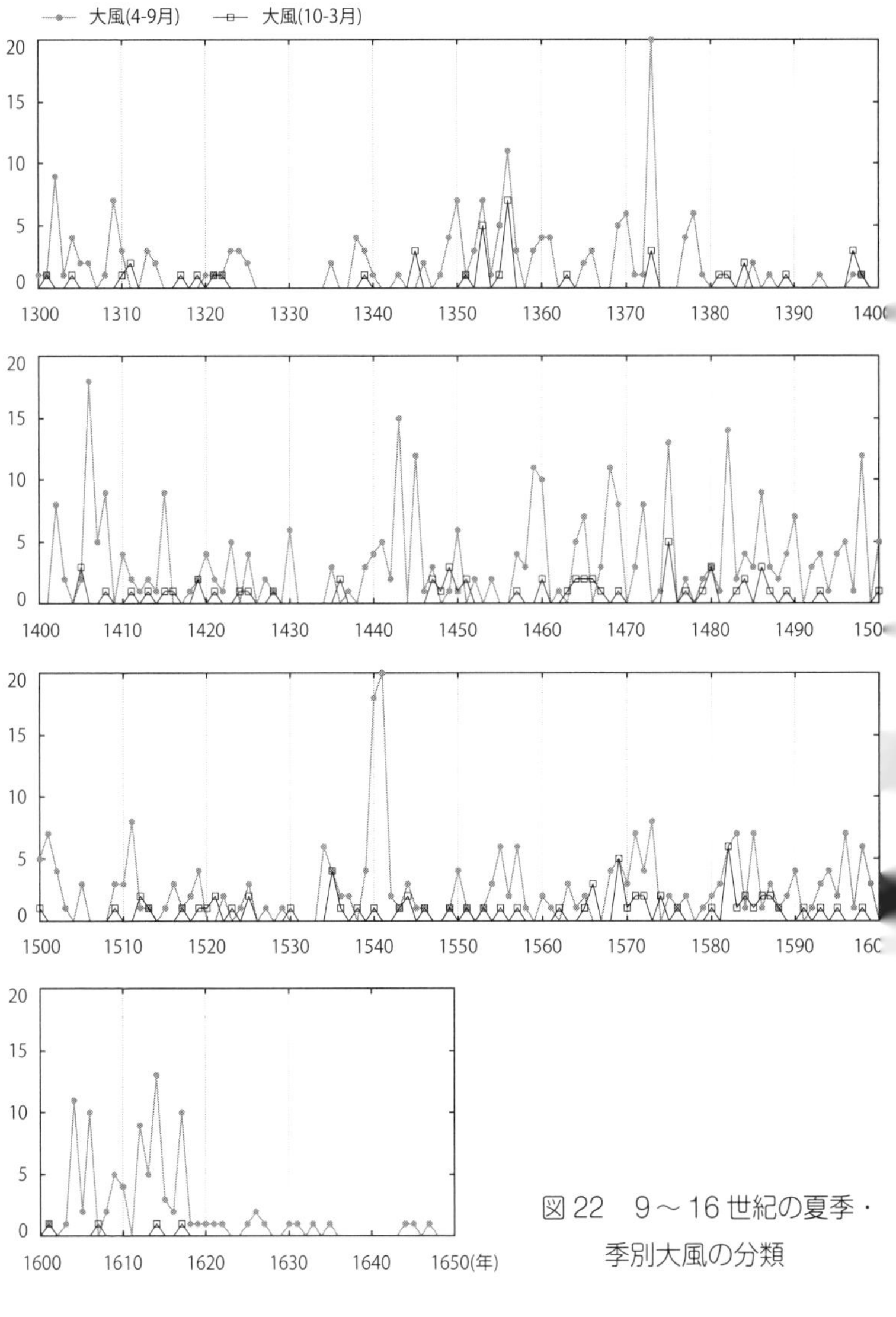


図 22　9～16 世紀の夏季・季別大風の分類

疑わざるをえなかった。かなりの負傷者が出たと思われるが、死者数などはどこにも記されておらず、死亡するほどの被害はなかったと判断される。

季節風や低気圧による冬季の強風も、大きな被害を与える。図22は大風を、夏季（四月〜九月）と冬季（一〇月〜三月）に分類したものであるが、当然台風襲来の時期である夏季が多い。しかし一二世紀後半からは、冬の大風も目立つようになり、一五・六世紀には、発生する年が増加する。後述するように、風害防止の国家的祭祀である風伯祭《ふうはくさい》が行われるきっかけは、寛喜三年（一二三一）一月から三月にかけて京を襲った冬の強風であったが、図22からも、一二三〇年前後は冬の大風が目を引く。図1が示す東アジアの夏季気温は、一二二〇年を過ぎる頃から三〇年過ぎにかけて急に下がっており、夏・冬ともに気温が低下していた。

『明月記』嘉禄三年（一二二七）一月二六日条に、「風寒く、終日休まず」とあるように、厳しい寒風の日々が続いた。二月に入ってからも、「大風屋を発ち《こぼ》（家を壊す）、沍寒《ごかん》（厳しい寒気）骨に入る、（中略）寒気殊《こと》に甚し、大風日来《ひごろ》を過ぐ」（同三日条）など、毎日のように強風と寒気の記事がみられる。年末にも同じような記述が連続し、改元して安貞元年となった一二月一七日条では、「大風寒風、猶《なお》日来を超える」と記される。数年にわたたって、厳しい冬の季節風が吹き荒れたことが確認できるのである。

　一二世紀から一五世紀は気候変動が激しかったが、中世後期は長期的に気温が低下傾向を示し、世界的にも一四五〇年から一八五〇年が小氷期と理解されている。日記などによる冬季降雪率の検討からは、一一世紀後半・一四世紀前半・一五世紀後半に気温が低下し、一五世紀から一六世紀の冬季は寒冷であった可能性が指摘されている。また観楓《かんぷう》（楓《かえで》などの紅葉観賞）の記録からも、一五世紀の気温低下が想定され、後述するように、一五世紀から冬の季節風が強くなり、日本海岸の砂丘で活発な砂の移動（飛砂）が明らかになっている。

　なお山越えした気流のフェーン現象による高温で乾燥した風の害もあり、出穂期《しゅっすいき》のイネが遭遇すると一面白穂《しらほ》となり、著しい被害を受ける。東寺領若狭国太良荘《たらのしょう》（現福井県小浜市）では、災害リスクを減らすために、早稲《わせ》・中稲《なかて》・晩稲《おくて》のさまざまな品種を作付けしていた。しかし嘉元三年（一三〇五）には、「中田これまた去る七月十九日より同廿五日に至り、大南風に吹かれ、枯れおわんぬ」（『鎌倉遺文』二二三〇六）と、日本海に吹き下ろす南からの乾熱風によって、中稲が枯れてしまう。この時には、早稲は虫害、晩稲は早魃の被害を受けており、百姓は「中田大損亡の事、殊なる損失の間、重ねて御成敗を蒙《こうむ》らざれば、苅り納さめ難きにより、作稲等に手を懸《かけ》ず」（『鎌倉遺文』一一二三四三）と、風害のひどさを強調し、荘園領主との年貢減免交渉を重ねたのである。

## 3　風害への対応

### 風の信仰

水田稲作に比重をおいた日本では、降水量異常への関心はきわめて高く、旱魃には用水、水害には築堤など、水の過不足に対しては、明確な対策が確認できるが、風害については具体的な対応がみえにくい。建物の補強に関しては可能な範囲で実施されたであろうが、広い面積が対象となる農業基盤に関しては、予防的措置は困難であった。

奈良・平安時代前期では、大風被害を受けた百姓に対し、国家が租税の免除や賑給《しんごう》（困窮者への米などの支給）などの救済措置をとったが、次第に賑給のような徳政的な対策は縮小し、荘園ごとの年貢減免などに移行していく。その一方で、宗教的な対応に比重がおかれるようになるが、旱魃や水害などの場合とは、対応の性格は異なる。祈《き》雨《う》・止《し》雨《う》の儀礼は、旱魃・霖雨《りんう》などの現象が一定期間継続するなかで実施されるのに対し、風害の最大の要因である台風は、短時間で通過していく。台風の最中に、それに対処する仏神事を設定することは困難といってよく、平穏な四季の風への祈願と合わせて、日常的な儀礼のなかにあらかじめ組み込まれていくことになる。

まず、神祇信仰からみていきたい。現在、風の神を本殿の主祭神とする神社は、全国に二〇〇社余存在し、各地に風宮《かぜのみや》などの風の神を祀る神社が確認できる。また風に関する祭祀も全国で二〇〇〇件近くあり、風祭《かざまつり》のほか、風神祭・風宮祭・鎮風祭・風鎮祭などと表現されている。風の神の信仰は当然古く、『古事記』や『日本書紀』に、志那都比古神《しなつひこのかみ》（級長津彦命《しなつひこのみこと》）・級長戸辺命《しなとべのみこと》が登場する。律令制下では、龍田神社《たつたじんじゃ》（現奈良県三郷町）が風神を祀る神社として国家的に位置づけられ、広瀬神社（現奈良県河合町）とともに、風・水を制御してその害から守り、五穀豊穣を祈願する祭祀が行われている。龍田神社の位置は、奈良盆地の北西から吹く風の吹き込み口にあたり、作物に害を与える悪《あ》しき風を吹かす神のいる所と認識されており、また河内・摂津と大和を結ぶ水陸交通の要所でもあった。龍田・広瀬神社に対する祭祀は平安遷都以降も継続し、平安中期以降は朝廷より格別の崇敬を受ける二十二社に含まれ、その信仰は長く続くのである。

風を祀る神社としては、諏訪神社（現長野県諏訪市・下諏訪町）や阿蘇神社《あそじんじゃ》（現熊本県阿蘇市）なども知られるが、伊勢神宮（現三重県伊勢市）にも、内宮・外宮それぞれに風の

図 23　砺波平野の屋敷林

神が祀られている。神風《かみかぜ》という語は、本来は風雨の強い所という地名伊勢にかかる枕詞《まくらことば》であったが、天武・持統期には伊勢神宮の神威を体現する表現とされるものの、奈良・平安時代前期にはみられなくなる。院政期頃から神風が復活し、一三世紀初頭に突出するが、これは伊勢神宮の政治的位置の変化と密接に関わっており、蒙古来襲時に風の宮が鳴動して鬼神が顕れ出て、九州の夷狄《いてき》を滅ぼすことを告げたという『太平記』巻三九の記述などにつながっていく。ただし、実際に蒙古と戦った武士たちには、神風という認識はなく、貴族や神官・僧侶の一部にあったにすぎない。

平安時代には、説話や和歌などから、各地で風祭が行われていたことが確認できる。また荘園の史料にも、「風社」や「風森」などが散見される。朝廷・国・荘園のさまざまなレベルで、風の神の祭祀が行われていたのであるが、なかには限られた地域に吹く局地風に対応したものもあった。風は山や地峡《ちきょう》などの地形によって力学的に変形、加速されるため、特定地域に集中して強風が吹くことがある。富山県砺波《となみ》平野は、三方を山に囲まれて西風が多いが、春先にかけては南部の八乙女《やおとめ》山地《さんち》を吹き下りる局地風井波風《いなみかぜ》が発生する。それに対応した不吹堂《ふかんどう》と呼ばれる風宮が各地に祀られており、風向を意識した屋敷林が発達している。やはり局地風が吹く岡山県北部・愛媛県東部などでも、同様の風宮・風神社が立地するのである。

全国的な風害に対する祭祀としては、陰陽道《おんみょうどう》にもとづく風伯祭も注目されよう。寛喜三年（一二三一）には寛喜の飢饉が始まるが、前年六月の降雪のような極端な冷夏に加えて、一月から三月にかけて京都では深刻な強風被害に襲われたため、風伯祭が実施される。それが鎌倉にも伝播し、『吾妻鏡《あづまかがみ》』同年六月一六日条には、「由比浦《ゆいがうら》鳥居前において風伯祭を行わる、（中略）これ関東においてその例なしといえども、去月中旬比より、南風頻りに吹き、日夜休止せず」とある。南からの強風の連続に対し、執権《しっけん》北条泰時《ほうじょうやすとき》は由比浦で陰陽師《おんみようじ》に風伯祭を執行させたのであり、以後この祭祀は鎌倉に定着していくが、弘安九年（一二八六）を最後に、公家・武家ともに行った形跡はなくなる。「風災を攘《はら》い西収（秋の収穫）豊稔有らせしめんがため、風伯を祭り奉仕すべし」（同建長三年〈一二五一〉七月三〇日条）とあるように、風伯祭は次第に豊穣祈願に変化し、ほかの豊作儀礼に組み込まれていったと思われる。図1に示したように、この頃から東アジアの気温は上昇に向かっており、重要性が低下したのであろう。

仏教においても、特定の季節に集中し、短時間で通過する台風では、予防的な法会・祈禱が中心になる。第一章でもふれたように、奈良時代では鎮護国家の仏教法会が重視され、やがてさまざまな災害から国を護るため、仁王経《にんのうきよう》や大般若経《だいはんにやきよう》が重視されるようになるが、平安初期には災害を未然に防ぐ機能が強化されていく。仁王経・大般若経の信仰は、特に風害を意識したものではないが、風害を含むさまざまな天災異変を除去して、五穀豊饒・天下泰平を祈る、寺院や村落の年中行事となっていくのである。

## カッチョ・間垣

次は工学的な対応をみていきたい。茅《かや》・藁《わら》などの自給的素材によって葺《ふ》かれた古代・中世の民家の屋根は耐久性が低く、強風や火災には弱い。建物そのものも、現在とは比較にならないほど脆弱《ぜいじゃく》であった。六国史《りっこくし》やさまざまな日記などにも、大風による官衙・寺社・住宅などの建物被害の記述はきわめて多く、毎年必ず襲ってくる台風を強く意識して建てられていたはずである。また冬の季節風への対策も必要となる。中世後期には、開発にともなう河川上流からの土砂供給が増加しており、強くなった風による砂の移動と合わせて、海岸部の集落や津湊などの立地に大きな影響を与えた。

中世北日本の拠点港津軽《つがると》十三湊《さみなと》（現青森県五所川原市）は、一三世紀初めから一五世紀中葉の約二五〇年間、繁栄をみせる。日本海と十三湖《じゅうさんこ》と呼ばれる潟湖《せきこ》（ラグーン）を隔てる発達した砂州上に位置し、大規模に整備された港町であったことが発掘調査によって明らかになっている。砂州の西側には日本海に面した海岸砂丘が細長く発達しており、遺跡が立地する内陸側は日本海の荒波や強風から保護されて、港町が展開したのである。しかし一五世紀以降、飛砂の堆積によって日本海とつながる砂州の水路が閉塞し、港湾機能が低下して廃絶してしまう。遺跡からは、季節風を意識した一四世紀後半～一五世紀前半の柵囲いの道路や屋敷地の遺構が検出されている。津軽平野では冬季の強風と降雪が吹き付けるため、現在も「カッチョ」と呼ばれる板材の防風・砂防柵を家屋や畑地に設置した集

図24　津軽十三湊遺跡（五所川原市）

図25　津軽平野のカッチョ（同上）

落をみることができる。建物構造が変化し、冬場には除雪が行われるようになった現在では、減少しつつある景観ではあるが、流木などを利用したこのような防風・防砂の施設は確実に中世に遡るのである。紀行家菅江真澄《すがえますみ》による一八世紀後半～一九世紀初のスケッチにも、このような柵を繞《めぐ》らした津軽・出羽などの海沿いの集落が描かれている。

時期は下がるが、嘉永五年（一八五二）一〇月一二日の夜から一三日にかけて、能登半島沿岸には大風が吹き、高波が押し寄せて大きな被害をもたらした。冬の低気圧によると思われるが、この時の皆月村《みなづきむら》（現石川県輪島市）の被害は、波除け石垣の破損二五件、矢来《やらい》の破損四七件で、全壊・半壊の家屋を含め、被害にあった家は七六軒に及んだ。皆月村は海岸に沿うように家屋が建てられ、その多くには防波のための石垣や風除けの矢来が造られていたのである。矢来は『日葡辞書《にっぽじしょ》』によれば、「どこからも入れないように作る垣またはこれに類似したもの」で、この場合、現在間垣《まがき》と呼ばれる防風施設にあたると思われる。間垣は日本海に面した能登半島北西地域などにみられる、集落の囲いに四、五メートルほどの細いタケ（メダケ）で垣根を作り、冬の強い季節風から家々を守るものである。近年、輪島市大沢・上大沢の間垣景観は、国の重要文化的景観に指定された。

大沢・上大沢の集落は日本海の入り江に面した低地に立地しており、中世の大沢村は山《さん》

図 26　能登半島の間垣（輪島市）

門《もん》（比叡山延暦寺）領の志津良荘《しつらのしょう》に属し、史料からは確実に南北朝期まで遡る。前述した皆月村は志津良荘の中核であり、延暦寺と深く関わる山王宮《さんのうぐう》（日吉神社《ひよしじんじゃ》）が惣鎮守《そうちんじゅ》として勧請《かんじょう》されている。間垣のような民衆の生活に関わる施設が文書に記述されることは少なく、その成立を文献からたどることは困難であるが、アルミサッシなどが普及する以前は、不可欠の設備であったという。飛砂や強風・潮風に対応するために、現在の間垣につながる自給的な素材による防風施設が、中世まで遡ることは十分ありうるであろう。

陸奥外《そと》の浜《はま》を舞台とした謡曲「善知鳥《うとう》」では、僧が猟師の家を尋ねた際、「去年の秋みまかりたる猟師の屋は、あれに見えたる高もがりの内にて候」と教えられる。猟師の家は「高もがり」で囲われていたのであるが、「もがり」とは、竹矢来のことで、タケを粗く編み合わせて家の囲いとした垣根や塀などをさす。海浜に暮らす猟師の家を囲う「高もがり」が、間垣などと共通した防風・防砂機能を有していた可能性は高い。なお「善知鳥」の作者は不明であるが、室町幕府政所代蜷《にな》川親元《がわちかもと》の日記『親元日記』寛正六年（一四六五）二月二八日条に、将軍足利義政《あしかがよしまさ》が後花園《ごはなぞの》院《いん》に院参した際の演能の曲名としてみえている。

## 防風林・防風柵

風害に対しては、現在においても防風林・防風柵が有効である。一六世紀末作成の『越《えち》後国郡絵図《ごのくにこおりえず》』には、砂丘地帯集落の防風垣が明示されており、飛砂や強風に対する施設が確認できる。森林行政の基本法である森林法には、一七種の保安林の規定があるが、そこには強風による被害を防ぐ防風林、飛砂を防止する飛砂防備林などの災害防備林が含まれている。本格的な防風・防砂のための植林は近世を待たねばならないが、防風林という形以外にもさまざまな対応がみられ、近世農書には、冬の季節風対策として屋敷の植栽が記述されている。天和年間（一六八一〜四）に西三河で記述された『百姓伝記《ひゃくしょうでんき》』は、屋敷の西・北には冬の風を防いで暖かい常緑樹を植えるとする。また元禄一〇年（一六九七）刊行の『農業全書《のうぎょうぜんしょ》』や宝永四年（一七〇七）に加賀で著された『耕稼春秋《こうかしゅんじゅう》』では、防風や防犯とともに、防火機能についても言及している。

樹林のこのような機能は中世から知られており、植生に覆われた屋敷地や集落は史料に多く確認できる。建材・燃料や食料などの資源となるだけでなく、風害や火災などに弱い茅葺などの家屋を護る役割も有していたのである。享禄五年（一五三二）に作成された『桑実寺縁起絵巻《くわのみでらえんぎえまき》』には、タケやさまざまな樹木に囲まれた琵琶湖岸に位置する薬師寺領豊浦荘《とようらのしょう》の集落が描かれており、実景描写と考えられている。これらの植栽は屋敷地の地固めや琵琶湖を吹きすさぶ強風への対応など、さまざまな機能を果たしたと思われる。

## 4　一五世紀の風害と気候

### 飛砂と砂成

海流や波、河川によって海岸線に集積された砂は砂浜を形成する。風によって移動する砂が飛砂で、砂丘を形成・発達させたり、河口・港湾や耕地・集落などを閉塞・埋没させるのである。河川からの砂の供給増大や強い季節風は、砂丘の成長要因となり、砂の移動域では植生は存続できない。逆に砂が動かないと、砂丘は次第に草本に覆われる。植物は砂丘の固定要因であり、やがて腐植質土壌を作り、黒褐色を呈するクロスナ層が形成されていく。飛砂の集積速度の違いがクロスナ層と砂丘砂とを分かつのであり、それによって人と砂丘の関わり方も大きな影響を受ける。それぞれの砂丘によって、形成されたクロスナ層の数が異なるケースがあり、また包含される遺物からの時期決定も容易ではないが、砂があまり動かず、人々が砂丘を利用できた時期（砂丘固定期）と、そうではなかった時期（砂丘形成期）とが推定されてきた。

日本列島には、総延長一九〇〇〇キロに及ぶ海岸砂丘が存在し、それは海岸線の七パーセントに及ぶ。特に冬季に、ロシアのバイカル湖からモンゴルにかけて発達するシベリア高気圧から、太平洋に向かって季節風が吹きつける日本海側には、規模の大きな砂丘が発達している。しかし飛砂の問題は、歴史学ではあまり議論されてこなかった。

臨川寺《りんせんじ》領加賀国大野荘《おおののしょう》（現石川県金沢市）には、文明一四年（一四八二）一一月および明応四年（一四九五）一二月・同九年一二月に作成された三通の共通した形式の帳簿（『金沢市史資料編二』一六・七三・八六）が残されている。年貢納入額を確定するため、さまざまな理由で減額あるいは加増した理由とその額が逐次書き上げられており、この帳簿から、

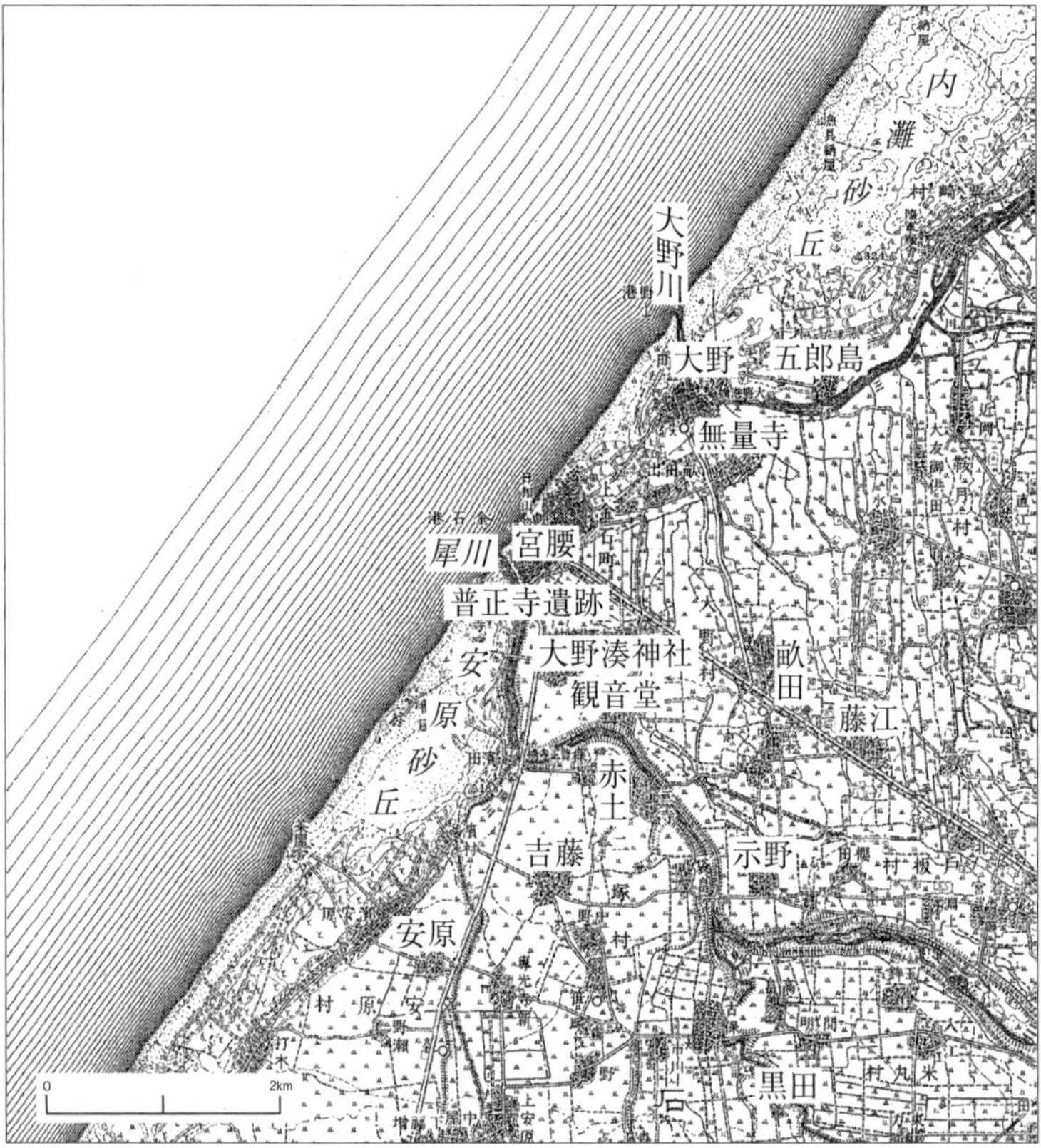


図 27　大野荘周辺地形図

年貢収納に影響を与えた災害や再開発を検討することができる。表3はそれにもとづいて、応安年間（一三六八〜七五）から明応九年までの百数十年間に、大野荘で起きた六〇件あまりの災害事例を整理したものであるが、一つの荘園でこれだけの災害発生を確定できるケースはあまりない。

大野荘では一四世紀後半・一五世紀初には水害が多かったが、それは日本海に沿って砂丘が発達し、そこに犀川《さいかわ》および大野川が河口を開くという荘園立地からくるものである。洪水の被害はこののちもなくならないが、永享五年（一四三三）から康正二年（一四五六）にかけて「砂成《すななり》」が増加する。世界的に一四五〇年頃から小氷期に入ると理解されているが、図1に明らかなように、この頃は一四三〇年頃の気温の高い時期から五〇年代後半の最も低い時期へと、急速に気温を低下させていく段階にあたる。気温低下にともなって冬の季節風が強くなる一方で、降水量は増大しており、洪水によって河口部に堆積する土砂も多いため、その結果として、激しい飛砂を招いたのであろう。

飛砂の状況は遺跡からも確認できる。大野荘には、大野湊《おおのみなと》と宮越《みやのこし》という中世の加賀を代表する湊が成立したが、宮腰の湊町と想定されているのが、犀川河口部左岸に位置し、南北朝から室町時代の町場や石塔が建つ墓地の遺構などが検出された普正寺《ふしょうじ》遺跡《いせき》である。発

| | | | | |
|---|---|---|---|---|
| 8 | 応安5年（1372） | 宮腰塩町在家三郎次郎、去応安五年洪水河頽分地子銭 | 史料3・史料4に同文あり | 2 |
| 9 | 応安6年（1373） | 示野村一王丸名、依多年河頽上表之間、去応安六年庄主上使時有沙汰、被検知之、雖然于今延引之間、頽残畠令荒野上者、沙汰人相共下知令検知、任現形令免除畢、 | 史料3・史料4に同文あり | 2 |
| 10 | 応永元年（1384） | 今江村散田一町二段内、（中略）、此下地無用水之由、於寺家歎申間、三分一自応永元年被免許畢、 | 史料3・史料4に同文あり | 2 |
| 11 | 至徳2年（1385）4月3日 | 示野村光弘名内、河頽成間、至徳二年四月三日、為河防寺家申免許、 | 史料3・史料4に同文あり | 2 |
| 12 | 至徳3年（1386） | 示野村次郎太郎名河頽畠二段、依歎申自至徳三年免許、 | 史料3・史料4に同文あり | 2 |
| 13 | 明徳元年（1390） | 赤土村宮畠桑代、河頽之段依歎申、明徳元年免許之、 | 史料3・史料4に同文あり | 2 |
| 14 | 応永3年（1396） | 今新保葎嶋田水損幷不作壱町九段分、委細応永三年勘定状在之、 | 史料3・史料4に同文あり | 2 |
| 15 | 応永5年（1398） | 示野村古川跡二段拾代、自請加応永五年洪水時、皆損間除之、 | 史料3・史料4に同文あり | 2 |
| 16 | 応永7年（1400） | 宮腰在家橋爪新三郎入道家半間河頽分地子銭、自応永七年免許畢、 | 史料3・史料4に同文あり | 2 |

表3　大野荘の災害事例

| | 年号（西暦） | 内容 | 備考 | 史料 |
|---|---|---|---|---|
| 1 | 元亨4年（1324） | 神田畠おほくはまなり（浜成）不作すといへとも、無足の跡にこた（巨多）の御服弁進といひ、…… | | 1 |
| 2 | 貞治6年（1367） | 示野村守近名河頽分也、去応安元年下地検地処、河頽無子細、貞治六年勘定時、於寺家披露被免除畢、 | 史料3・史料4に同文あり | 2 |
| 3 | 貞治6年（1367） | 今新保并湊前湖上島稗地子、依今河成不弁之、（中略）、七百文同新保稗草地子銭、子細同前、 | 史料3・史料4に同文あり | 2 |
| 4 | 応安2年（1369）2月27日 | 野老塚中京浜新開壱町、参斗代定、半損分也、去応安二年二月廿七日於寺家被定之、令打開之五ヵ年者被免畢、 | 史料3・史料4に同文あり | 2 |
| 5 | 応安4年（1371） | 分米雖為六拾五斛肆斗六升三合、応安四年水損十六斛四斗五升八合一勺二才令減之、 | 史料3・史料4に同文あり | 2 |
| 6 | 応安4年（1371）2月 | 示野村次郎太郎名畠河頽四段十代十八歩并正作苧畠河頽十五代、已上五段五代十八歩分銭也、但為河頽近年地子銭令未進間、去応安四年二月、庄主・沙汰人相共検知之処、河頽段分明之間除之、 | 史料3・史料4に同文あり | 2 |
| 7 | 応安5年（1372） | 示野村古川跡新田、去応安五年洪水皆水損、 | 史料3・史料4に同文あり | 2 |

| | | | | |
|---|---|---|---|---|
| 26 | 至徳～応永頃 | 示野村清次郎散畠河頽一段地子銭 | 史料3・史料4に同文あり | 2 |
| 27 | 至徳～応永頃 | 示野村正作苧畠、河頽之間免除之、 | 史料3・史料4に同文あり | 2 |
| 28 | 永享5年（1433） | 依年々砂成、地子依為不足、以沙汰人起請文歎申間、以御許（評）定、自永享五年御免許畢、 | 史料3・史料4にほぼ同文あり | 2 |
| 29 | 永享11年（1439） | 西安原散田七段十代年貢米、妙覚入道去永享十一年罷上、砂成由訴訟申間、自寺家御折紙下給間除之、 | 史料3・史料4に同文あり | 2 |
| 30 | 永享11年（1439） | 赤土村左藤六散田三段廿代年貢米、依砂成作人以起請文申間、自永享十一年御免、 | 史料3に同文あり、史料4は永享3年 | 2 |
| 31 | 永享12年（1440） | 寸次郎村則清名三分二、依砂成不作由、以起請文歎申間、永享十二年御免、 | 史料3に同文あり、史料4は永享11年 | 2 |
| 32 | 永享12年（1441） | 西安原村烏帽子形散田、子細同前（依砂成不作由、以起請文歎申間、永享十二年御免） | 史料3・史料4に同文あり | 2 |
| 33 | 嘉吉元年（1441） | 宮腰屋地子、依成砂山、沙汰人以註進状歎申間、為許（評）定議、自嘉吉元年免許之、 | 史料3・史料4に同文あり | 2 |
| 34 | 嘉吉2年（1442） | 赤土村仲九郎散畠御得分、船斗定肆斛、次示野村一王丸名得分陸斛参斗者、依河成嘉吉二年御免、 | 史料3・史料4にほぼ同文あり | 2 |

| | | | | |
|---|---|---|---|---|
| 17 | 応永15年（1408） | 大野・宮腰在家地子銭、山額・浜ニ成・河成損免分成、応永十五年・六年免状在之、 | 史料3・史料4に同文あり | 2 |
| 18 | 応永19年（1412） | 観音堂村散佃弐段卅代、捌斗代単定、円楽寺新河付寄、河額現形間除之、仍御百姓等捧起請文、自応永十九年御免、 | 史料3・史料4にほぼ同文あり | 2 |
| 19 | 応永19年（1412） | 観音堂村散畠二段廿代、円楽寺新河失畢、(中略)、仍御百姓等捧起請文、自応永十九年御免許、 | 史料3・史料4にほぼ同文あり | 2 |
| 20 | 応永23年（1416） | 稜厳寺古屋敷、砂額之間、自応永廿三免許、 | 史料3・史料4に同文あり | 2 |
| 21 | 応安～応永頃 | 西条散佃参段、六斗代延定、依無用水、此間令不作、其段番頭・百姓等以起請文申間除之、 | 史料3・史料4に同文あり | 2 |
| 22 | 応安～応永頃 | 同村(西条)散佃弐段、陸斗代延定、依無用水、此間不作、子細同前、 | 史料3・史料4に同文あり | 2 |
| 23 | 応安～応永頃 | 赤土村辻王名内、円楽寺河堀之時損分田七段、捌斗代延定、但無用水間、六段畠成、壱段者被堀破間下地失畢、 | 史料3・史料4にほぼ同文あり | 2 |
| 24 | 応安～応永頃 | 同(示野)村藤七名散田壱段、河額之由難(歎)申間、沙汰人相共検地処分明間除之、 | 史料3・史料4にほぼ同文あり | 2 |
| 25 | 至徳～応永頃 | 示野村守近名河額畠弐段・同村四郎丸名河額畠三段、已上河額畠五段地子銭也、 | 史料3・史料4に同文あり | 2 |

| | | | | |
|---|---|---|---|---|
| 44 | 永享～康正頃 | 示野村一王丸河頽五段之、日仕定役 | 史料3・史料4に同文あり | 2 |
| 45 | 永享～康正頃 | 西安原三郎丸内、依砂成御免之、委細米段在之、 | 史料3・史料4に同文あり | 2 |
| 46 | 文明13年（1481） | 赤土村道妙号去年損免引申、 | | 2 |
| 47 | 文明14年（1482）12月 | 村々近年不作、但依一乱如此、 | 史料3・史料4に「自一乱地下人号荒不作、不致沙汰、寺家追而以上使可有御糺明也」 | 2 |
| 48 | 文明14年（1482）12月 | 宮腰地子、皆砂成、先勘定在之、 | | 2 |
| 49 | 文明14年（1482）12月 | 横江倉跡砂成分 | | 2 |
| 50 | 文明14年（1482）12月 | 砂・河成、子細米之段在之、彼砂・河成不分明間、不及御免也、然間年貢銭堅可有催促者也、評定議如此、今度上使可被尋者也、 | 史料3・史料4にほぼ同文あり | 2 |
| 51 | 文明14年（1482）12月 | 一成名内畠成分 | 史料3・史料4に「依無用水畠成由也」 | 2 |
| 52 | 文明14年（1482）12月 | 村々荒不作、公文徴夫(符)在之、 | | 2 |
| 53 | 明応元年（1492） | 弐貫五百文　同半分、依浜成、自明応元年重書補任相承、寺家へ上申也、 | | 3 |

| | | | | |
|---|---|---|---|---|
| 35 | 文安元年（1444） | 野老塚村散田宝厳院分、連々砂成悉失畢、（中略）、則検知番頭・作人相共捧罰文、仍文安元年御免、 | 史料3・史料4に同文あり | 2 |
| 36 | 享徳元年（1452） | 示野村一王丸河頽、作人連々歎申間、自享徳元年御免許、 | 史料3・史料4に同文あり | 2 |
| 37 | 永享～享徳頃 | 赤土村・無量寺村・西安原村之散田不作・河成、以起請文注進之間免許之、 | 史料3・史料4で「砂成分」が付け加わる | 2 |
| 38 | 永享～享徳頃 | 円楽寺分野老塚村友包四分三、同宇禰田散田三段卅代、依不作御免、 | 史料3・史料4に同文あり | 2 |
| 39 | 永享～享徳頃 | 野老塚村友包四分一御年貢米、依砂御免許、 | 史料3・史料4に同文あり | 2 |
| 40 | 永享～享徳頃 | 得蔵分年貢、依旱魃、且納之、 | | 2 |
| 41 | 康正元年（1455） | 赤土村辻王丸名内、河頽由連々歎申間、自康正元年御免許之、 | 史料3・史料4に同文あり | 2 |
| 42 | 康正2年（1456） | 弐佰伍拾陸斛弐斗四升六合砂・川成、雖年来不作仕、少分之程以堪忍之儀、御年貢入立申処、自康正二年五月二日至閏九月長雨、度々之洪水、失墜之下地多増之間、可預御免之由、歎申者也、次左藤六散田事、砂・川成由入間、別而無請加者也、 | 史料3・史料4に同文あり | 2 |
| 43 | 永享～康正頃 | 宮腰白浄庵古屋敷砂山成之間、彼庵円楽（寺脱）之地之内引之、仍古屋敷之地子御免許畢、 | 史料3・史料4に同文あり | 2 |

| | | | | |
|---|---|---|---|---|
| 54 | 明応4年（1495）12月 | 近年浜成由歎申也、 | | 3 |
| 55 | 明応4年（1495）12月 | 古田跡浜成 | 史料4に同文あり | 3 |
| 56 | 明応4年（1495）12月 | 参百九拾弐斛参斗一升当損、<雖四分一申定、依水損以外之儀、増之、注文在之> | | 3 |
| 57 | 明応9年（1500）12月 | 宮腰地子銭内、浜成 | | 4 |
| 58 | 明応9年（1500）12月 | 大野地子銭内、浜成 | | 4 |
| 59 | 明応9年（1500）12月 | 公方島半分、皆損 | | 4 |
| 60 | 明応9年（1500）12月 | 喜見坊島、当損 | | 4 |
| 61 | 明応9年（1500）12月 | 小二郎五郎島、皆損 | | 4 |
| 62 | 明応9年（1500）12月 | 真元島、皆損 | | 4 |

（注）　史料1：佐那武宮社僧忍西申状写（大野湊神社文書『金沢市史資料編1』212）
史料2：文明14年12月加賀国大野荘年貢算用状（鹿王院文書『金沢市史資料編2』16）
史料3：明応4年12月加賀国大野荘年貢算用状（天竜寺文書『金沢市史資料編2』73）
史料4：明応9年12月加賀国大野荘年貢算用状（天竜寺文書『金沢市史資料編2』86）

図 28　普正寺遺跡（金沢市）

掘調査によれば、一二世紀前半から中頃に、安原砂丘《やすはらさきゅう》と犀川およびその支流安原川の間に形成された南北に細長い浜地に、商人の店舗や職人の生産工房などが設営され始め、一四世紀中頃には町場の家並みが整うという。砂丘を日本海から吹き付ける季節風の風除けとした浜の平坦地には、徐々に板葺きの簡易な家並みと納屋や倉庫が増え、町が形作られていったが、一五世紀中頃に飛砂現象が強まり、砂が降り積もって、遺跡は埋没・廃絶する。帳簿で地子銭《じしせん》の減免を受けている宮腰在家《ざいけ》は、普正寺遺跡で確認された工房や商人たちの住まいと考えられているのである

大野荘の北東、日本海に面し、荘域の西

部に内灘砂丘《うちなださきゅう》が伸びる上賀茂社領金津荘《かなつのしょう》（現石川県かほく市）でも、永正一七年（一五二〇）閏六月に「砂成」認定をめぐって、現地で対立が起きている（『加能史料戦国七』）。また太平洋岸でも「砂成」は確認できる。遠州灘《えんしゅうなだ》に面し、天竜川の砂が堆積した浜岡砂丘《はまおかさきゅう》に位置する高松神社領閤戸村《ごうどむら》（現静岡県御前崎市）では、天文二〇年（一五五一）に「砂成荒地」が再開発されようとしていた（『静岡県史資料編中世三』二〇三七）。

## 砂丘の活動

周辺地域には、普正寺遺跡以外にも飛砂に被覆された遺跡がいくつも存在する。能登半島の付け根の西部海岸地帯には、羽咋砂丘《はくいさきゅう》が南北に縦走しており、その内陸側北端部に、寺家遺跡《じけいせき》（現石川県羽咋市）が位置する。砂丘によって日本海と隔てられた潟湖である邑知潟《おうちがた》は、現在は干拓されたが、かつては広大な湖面を有していた。古代の北陸道も、この地域を通って能登半島を横断して国府《こくふ》（現石川県七尾市府中町）に向かっていた。

遺跡からは八・九世紀の国家的な宗教儀礼に関わる遺構・遺物が検出され、至近に位置する日本海域の有力神で、のちに能登一宮となる気多神社《けたじんじゃ》に関わると考えられている。九世紀末から一〇世紀初頭には、砂丘の砂が移動して、遺跡の半分あまりが埋まってしまう

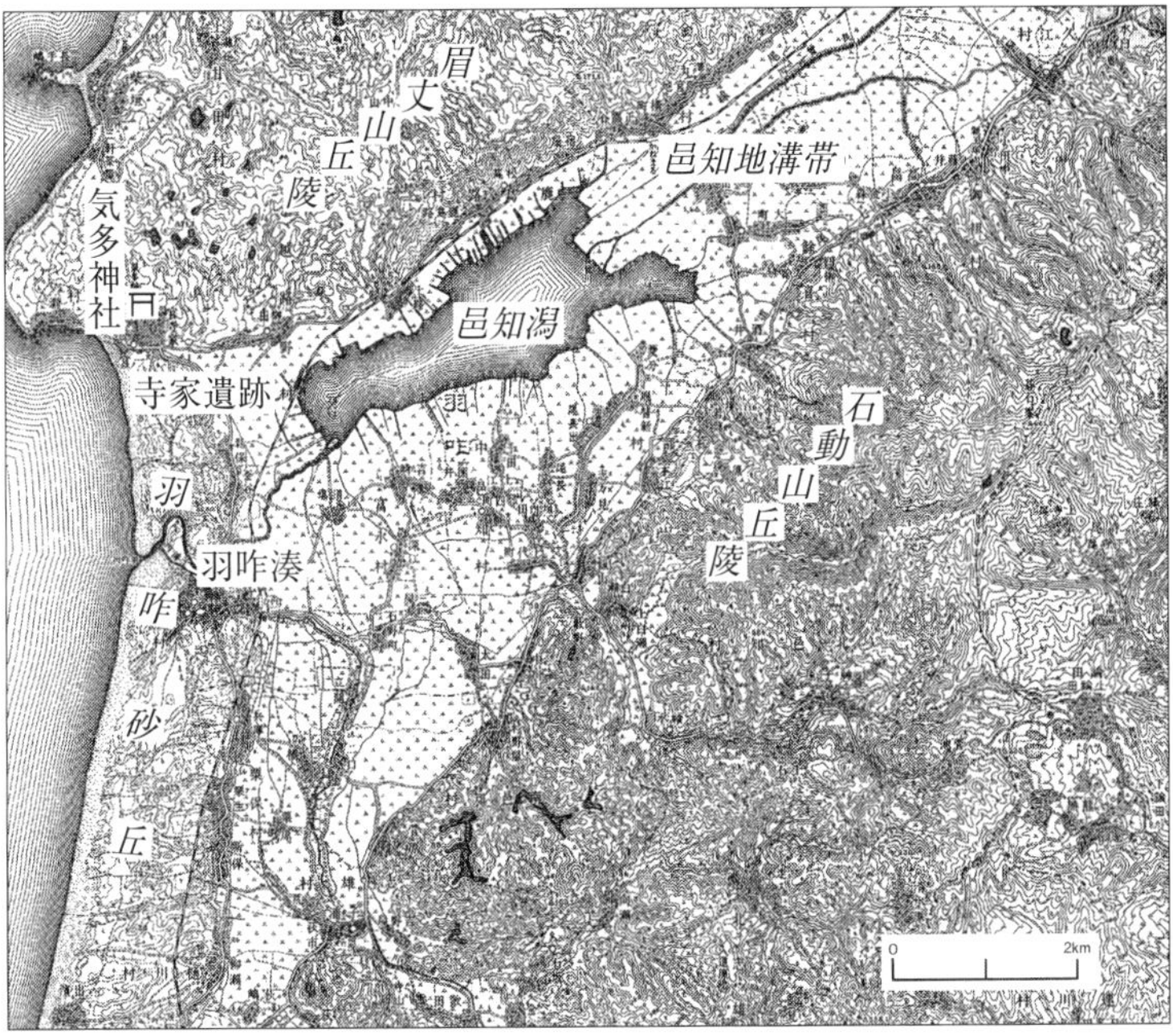


図 29　羽咋周辺地形図

が、平安時代後期から中世にかけては、神社や社家の関連施設であったと思われる。しかし一五世紀には飛砂の堆積により、遺跡の全面が被覆《ひふく》されて完全に廃絶する。古代以来の能登の要港であった羽咋湊は、邑知潟と日本海を結ぶ羽咋川河口付近に位置したと推定されるが、飛砂によって潰滅的な打撃を受け、日本海に開かれた新たな隔地間交易の要港として、能登半島北端部の小屋湊《おやみなと》（輪島湊）が、その役割を担うようになっていく。

なお砂丘の形成過程については、新たな自然科学的分析方法を導入した鳥取砂丘の事例が、最も精緻な研究成果となっている。鳥取砂丘は、中国山地から流れ下る千代川《せんだいがわ》の河口部に位置し、冬季の北西季節風により、海岸の砂が陸側に吹き上げられてできた砂丘で、拡大と停滞を繰り返した。鳥取平野の遺跡から推測される土砂供給が盛んな時期は、縄文時代後期後半・弥生時代中期後半・古墳時代前期後半の三回で、その時期には砂丘が発達するものの、それぞれの中間期にはクロスナ層が形成される。包含される遺物からクロスナ層の時期が決定されてきたのであるが、それとは別に、近年では砂丘の発達過程を明らかにする方法として、電磁波の反射にもとづいて地層の構造を調べる地中レーダ探査や、鉱物粒子から発せられる微弱な光（ルミネッセンス）の強度から、地層の形成年代を決定するＯＳＬ年代測定が使用されるようになった。ＯＳＬ年代測定では、砂丘の地層に豊富に含まれる石英《せきえい》と長石《ちょうせき》の砂粒子のルミネッセンス強度から自然放射線の蓄積線量を決定し、自然放射能の測定から年間線量を定量して、蓄積線量を割ることで、鉱物粒子の埋積時間の長さ、すなわち地層の年代を求めることができるのである。

その成果によれば、現在の砂丘地表層を構成するのは、主に一〇〇〇年前以降に形成された地層であり、鳥取砂丘は一〇～一二世紀が活動期で、一二～一五世紀は砂丘休止期となり、一二世紀から一五世紀までの間は砂丘堆積物はみつかっていない。一五世紀以降は活動期になり、一五～一七世紀は陸側付加、一八世紀は海側付加、一九世紀では再び陸側付加が認められる。冬季季節風が強まると、砂は陸側へ運搬・付加されるのに対し、海浜により多くの砂が堆積して、砂丘地が海側に広がったことを示すのが、海側付加である。一八世紀には冬季季節風が相対的に弱まり、砂の運搬が海岸近くにとどまったとされるのである。鳥取砂丘で推定される過去一〇〇〇年間における砂丘発達パターンは、東アジアの季節風の変動と関連するが、ほかの日本海岸砂丘の運動とも共通する。一八世紀からは、砂防目的の植林活動が盛んになり、砂丘の開発が進められていくことになる。

## 5　砂丘の変化と土地利用

### 長瀬高浜遺跡

砂丘の利用は、風による飛砂の問題と密接に関わっていた。中世における日本海岸の砂丘とその利用についてみておきたい。鳥取県の中央部に位置する東郷池《とうごういけ》（現鳥取県湯梨浜町）は面積約四・一平方キロで、天神川《てんじんがわ》の堆積作用や北条砂丘《ほうじょうさきゅう》の発達によって、日本海から隔離されて形成された潟湖である。東郷池北西の砂丘上に位置する長瀬高浜遺跡《ながせたかはまいせき》は、弥生時代前期から近世にかけての複合遺跡で、奈良・平安時代までの建物遺構などとともに、平安後期以降の墓地群や畠跡が検出されている。

クロスナ層上面およびクロスナ層中から検出された中世の畠は、一二世紀末から一五世紀にかけての複数期にわたって営まれ、花粉やプラントオパール（土中に残るイネ科植物の珪酸体《けいさんたい》）の分析から、陸稲栽培が行われた可能性が指摘されている。中世墓群は、クロスナ層中で検出された古い時期のものとクロスナ上面で検出された新しい時期のものとがある。古い時期の墓は、一一世紀から一三世紀頃の造営で、同時期の畠もあり、耕作地と墓地は密接に関連していたという。新段階の墓群はクロスナ層上面で検出されてはいるが、

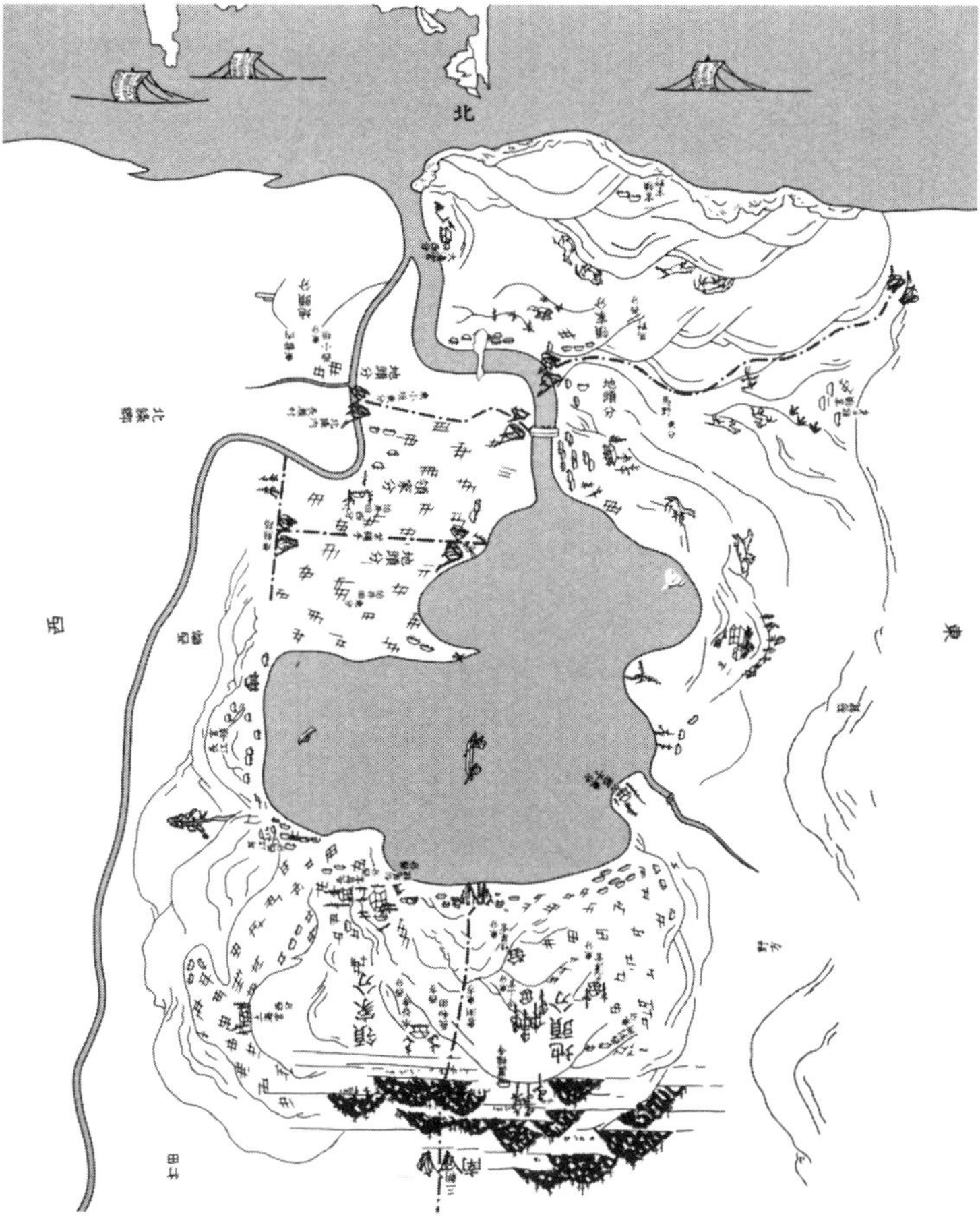


図 30　伯耆国東郷荘下地中分絵図（森図房作図、小山靖憲他編『中世荘園絵図大成』河出書房新社、1997 年をもとに作成、上下を逆に表示）

白砂層から掘り込まれたものが大半である。白砂の堆積は一五世紀以後と推察され、墓群はその時期かそれ以降に形成されたと考えられている。

この遺跡が注目されるのは、正嘉二年（一二五八）一一月に作成された伯耆国東郷荘下地中分絵図《したじちゅうぶんえず》（松尾社旧蔵）との関連である。同絵図は東郷池を中心とした荘域全体を描いたうえで、中分線を朱線で示し、「地頭分」「領家分」を明記した下地中分を描く典型的な荘園絵図である。絵図の北西、荘域の西を画する天神川が東に直角に流路を曲げる地点に、「北条内長瀬村」と記され、そのすぐ北には、「地頭分」「東郷内西小垣東分」という文字、耕地を示すと思われる井桁のような表記と小河川、そして小山に立つ朱色の杭が描かれている。ちょうどこの地点が長瀬高浜遺跡の位置と一致してくるのである。朱色の杭は天神川流路の外側で、砂丘地帯に及んでいた荘域（「地頭分」「東郷内」）と荘域外である「北条郷」の境界を示す牓示《ぼうじ》と思われる。砂丘のなかであり、ほかの地点のような明確な地理的目印がないため、このような牓示が設定されたのであろう。また井桁のような表記は、長瀬高浜遺跡から検出された畠跡に該当する可能性が指摘されている。北条砂丘の先端部で水便《すいびん》もあり、この段階では開発の可能性があったため、荘域に組み込まれたと判断できる。

朱色の杭については、墓地＝「無主」の地であったこの地を、牓示の外側として、取り込むのを避けて立てられたとする見解がある。しかし絵図の描かれた一三世紀の長瀬高浜遺跡では、耕作地と墓地はセットになって展開していたのであり、むしろこの杭は、それらが荘域内であること示すために描かれたと考えられる。この地域は本来、砂丘上の相対的に経済的価値の低い地であったが、小河川が存在したこともあり、クロスナ層が形成される安定した時期には、畠地も開かれていたのである。しかし一五世紀以降は飛砂が増加し、砂丘活動が活発になったため、あらためて墓地が成立するものの、やがて埋没し、忘れられていったのである。

なお天神川は一七世紀に、砂丘を断ち切って直接日本海に流れるように改修されるが、それまでは東郷池北部と日本海を結ぶ橋津川に合流していた。その合流点付近に展開した集落が橋津《はしづ》で、日本海交通路の重要な拠点港の一つになっていく。絵図には「大湊宮」も描かれている。

## 出雲平野の砂丘

島根半島の出雲平野から宍道湖《しんじこ》にかけては、縄文海進期では巨大な内湾となっていたが、斐伊川《ひいかわ》や神戸川《かんどがわ》が運ぶ土砂によって埋められ、内湾は平野東部の宍道湖と、のちに「神門水海《かんどのみずうみ》」と呼ばれる西部の潟湖の二つに分かれる。古代・中世には、出雲国最大の河川であった斐伊川は東西に分流していたが、本流は日本海側に流れ、西方の「神門水海」を埋積して、その埋め残した痕跡が現在の神西湖《じんざいこ》となる。近世になると、斐伊川の本流は東の宍道湖側へ流出するようになり、鉄生産にともなう鉄穴《かんな》流しによる土砂供給量の増大もあって、宍道湖側に平野が前進し、現在みるような出雲平野が作り出された。この過程で日本海岸に出雲砂丘が発達していったが、それはやや内陸部にある浜山砂丘《はまやまさきゅう》、神戸川以北の海岸に沿う大社砂丘《たいしゃさきゅう》、神戸川以南に延びる長浜砂丘《ながはまさきゅう》の三つに分類される。大社砂丘と長浜砂丘ではクロスナ層が確認され、遺跡がみつかっている。

出雲大社幷神郷図《しんごう》（出雲国造千家家所蔵）は出雲国一宮杵築大社《きづきたいしゃ》（出雲大社）に関わる最古の絵画史料で、一三世紀半ばから一四世紀初に制作されたと推定されている。島根半島北岸から神戸川河口付近、出雲平野北西部から弥山《みせん》南麓までの、神郷（大社領）杵築の全体を鳥瞰的に描いたもので、大社本殿や樹木の種類などは写実的で詳細である。大社南西の海岸近くには、船や小さな家屋群が細長く表現されており、海浜に暮らす人々の存在を示す。その南の海岸線の近くに「湊社」が描かれ、当時の拠点港「大湊」と想定されている。また大社の南の砂丘上には、マツと思われる樹木や堂・建物群なども確認でき、大社の西には町並みが描かれ、のちに門前町に展開していく。このような海岸近くの家屋群や砂丘上の樹木などからは、砂丘活動が活発に展開していたとは考えにくいのである。しかし寛文四年（一六六四）に、慶長一四年（一六〇九）の本殿造営を復元描写した杵築大社近郷絵図（出雲国造北島建孝氏所蔵）になると、杵築の町並みに砂防のための生け垣が描かれるが、その南は砂丘的な表現がみられるだけになる。飛砂の影響によって海岸線の家屋が消失し、砂丘には樹木がみられなくなったためとも考えられるが、少なくとも近世には、他の史料からも南部の海岸沿いには、集落は存在していない。

杵築には鎌倉時代に市場が成立し、南北朝時代には都市としての様相を整えていくが、一キロほど南に位置した「大湊」（神戸川河口の湊原付近）も一体となって、都市杵築を形成していた。「大湊」は河口を少し遡った地点の北側で、砂丘によって日本海の強風や波浪から守られるため、海岸に船を繋留するより、はるかに安全に着岸・停泊させられる。「大湊」は、隔地間交易が盛んとなる南北朝・室町時代以後は、斐伊川や神戸川の上流から運ばれる鉄を積み出す出雲西部の拠点的要港として、西日本海水運の一角を占めたと考えられる。しかし一六世紀後半には神戸川の渡河点的な存在にすぎず、機能を低下させて

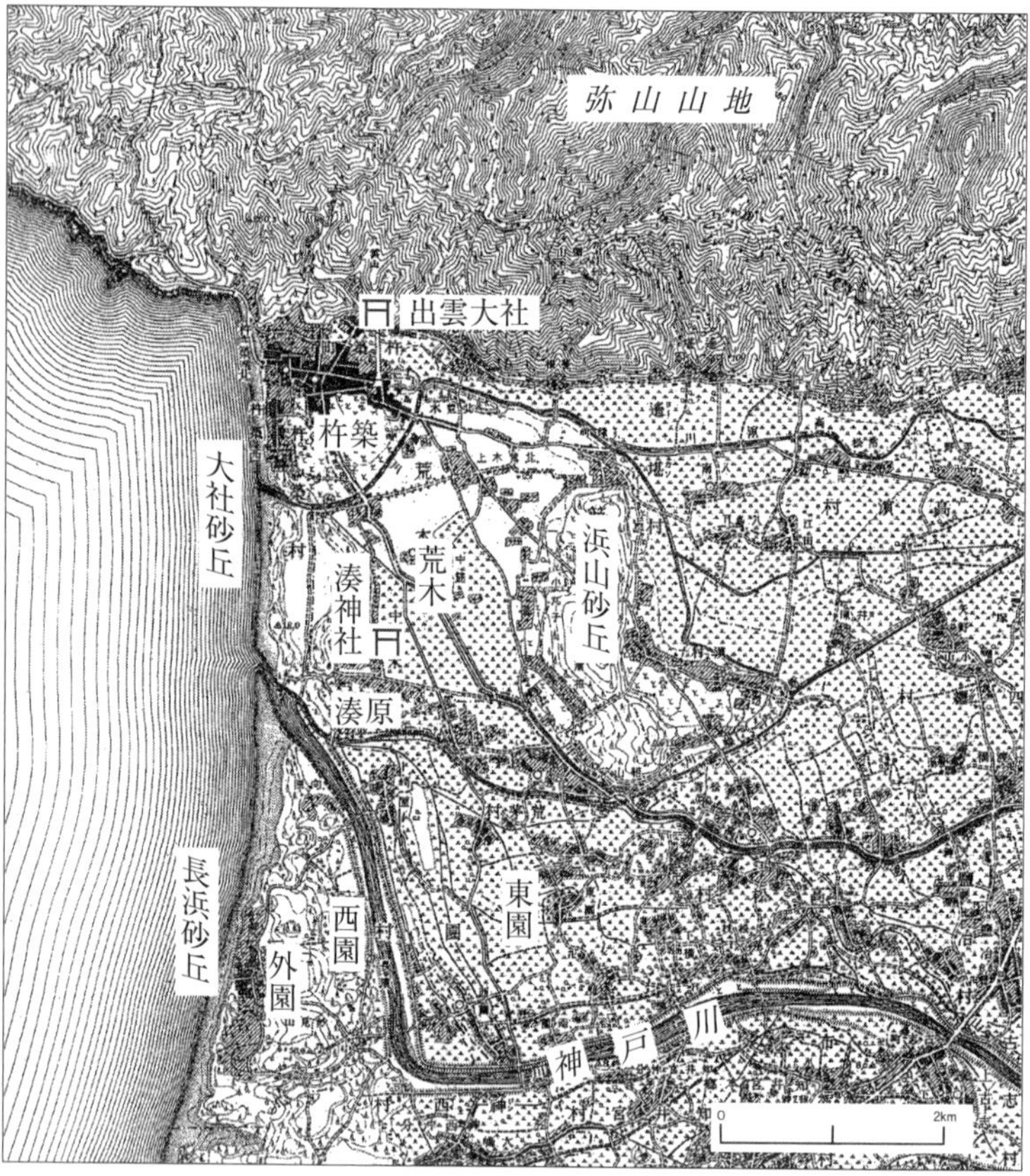


図 31　杵築周辺地形図

図 32　出雲大社并神郷図（部分、大社町史編集委員会編『大社町史』上、大社町、1991 年をもとに作成）

いく。その原因としては、鉄生産などにともなう土砂堆積や飛砂の増大が想定できよう。

それに代わって役割を増大させたのが、島根半島弥山山地の北側に位置する宇龍浦《うりゅううら》である。戦国時代には、杵築から陸路で山を越えて宇龍に運ばれた出雲鉄の積出港となっている。天文二年（一五三三）の灰吹法《はいふきほう》の導入による、石見銀山での銀産出量の飛躍的増加にともなって、杵築の経済的機能が拡大し、一五六〇年前後からは、宇龍浦へ「北国船」「唐船」も着岸し始めるのである。

一七世紀の神戸川河口付近は、大規模な再開発を必要とするほど荒廃していた。大社砂丘の一帯は近世では荒木浜と呼ばれたが、新田開発にあたっては、まず防風・防砂林が設けられ、植林が進むと、開墾のための町場の建設が始まる。それが湊原新町で、中世においては「大湊」があった場所と推定されている。また浜山砂丘などでも、植林が進められていく。このような防風・防砂林の育成は一六〇〇年代後半から進められ、用水路の開設や低湿地の排水工事、堤防の築造や洪水調整のための新川開削などをともないながら、新田開発が展開していく。砂丘地の開発には、このような手順が必要であった。

出雲平野は、屋敷地が散在する散村《さんそん》を展開させた地域の一つである。斐伊川は八岐大蛇《やまたのおろち》伝説を生んだ暴れ川であり、多数の分流が存在し、多くの湖沼や低湿地が存在していた。

図 33　出雲地方の築地松（出雲市）

中世において出雲平野の開発は確実に進んでいくが、その過程で、水害に強い島状微高地の上に屋敷を成立させた。盛り土を施して屋敷地を造成し、四方に浸水から守るための土塁（築地）を築き、それを固めるために水に強い樹木やタケなどが植栽された。現在広く知られる築地《ついじ》松《まつ》は、近世に入って築堤などによって洪水頻度が減少したのちに、冬の北西季節風を防ぐことに比重を置いて、主に主屋の北と西側にマツを植え、生け垣のようにきれいに刈り込んで仕立てたものである。海岸沿いの防風林とは異なり、イエ単位の防風林としての性格が顕著である。

## 6　風と環境

里山から得られる自給的素材によって建てられる中世の一般家屋は、現在とは比較にならないほど脆弱で、人々は毎年のように襲ってくる台風や季節風・局地風を強く意識して生活していたはずである。気温の変動は、季節風を含めた風の吹き方＝大気の動きと密接に関連しており、降水量の増加は、流域のさまざまな開発や森林破壊と結び付いて、河川による土砂供給量を増大させ、洪水という形をとらなくても、下流域に多大な影響を与える。

津湊は本来、地形的に不安定な水辺に成立するが、中世においては、自然条件に強く制約され、当時の技術力をふまえた最も適切な場所（潟湖や河口・入江など）が選ばれた。中世後期には冬の季節風が強くなり、また河川環境も大きく変化するため、飛砂が増大し、河口などの埋積も進む。砂丘が動き、潟湖が姿を変えるなどの影響は避けられない。当然、津湊や港町の立地も、変動せざるをえないのである。従来の研究では政治的・経済的な状況に規定された部分のみが注目され、このような問題はあまり考慮されることはなかった。人々はこのような飛砂・強風に対しても、可能な限りの対応をみせていくが、本格的な防風林の植林は近世に開始されていく。

# 第五章　虫害と自然認識

## 1　虫害の研究状況

### 人と害虫

昆虫の種類は、現在一〇〇万種以上が知られており、日本だけでも三万数千種の昆虫が生息する。昆虫の繁殖に必要な環境や食物は種によって決まっており、また変温動物であるため、気温に鋭敏に反応し、気温が高いほど成長が早くなるが、高すぎても遅くなる。昆虫も少数ならばさほど問題とはならないが、田畠などの人間が作り出した環境が広がると、それに適応する一部の昆虫が爆発的に増加し、農作物などに大打撃を与える。大発生した場合には、人力での駆除は困難で、飢饉《ききん》の原因にもなった。

害虫は農作物を害する農業害虫以外に、カ・ノミなどのように人に吸血したり、伝染病を媒介する衛生害虫、コクゾウムシなどの貯蔵されている穀物を食い荒らす貯穀害虫、あ

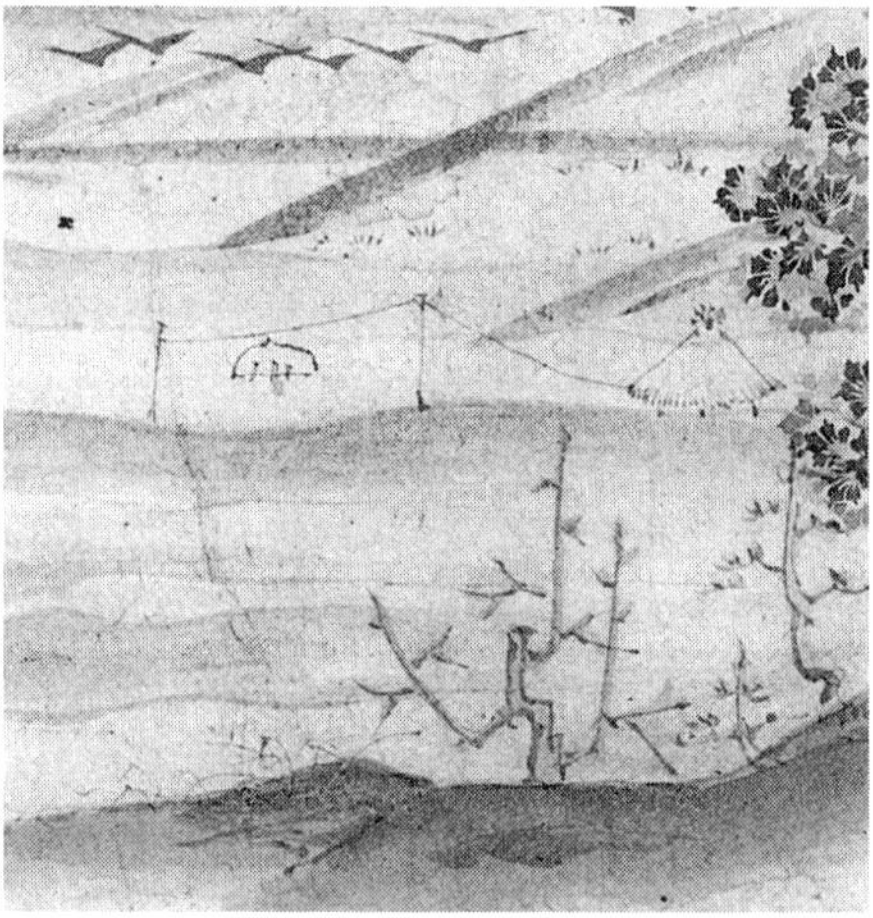

図34　鳴子（『伊勢新名所絵歌合』より、神宮徴古館所蔵）

るいは樹木を枯らす森林害虫や牛・馬などに被害を出す家畜害虫など、さまざまに分類されるが、どれも農学・生物学などの膨大な研究がある。農業害虫にも多くの種類があるが、漢字蝗《こう》はその総称である。多様な害虫を包摂する文字であるため、文書や記録に蝗とだけ記された場合には、具体的にどのような昆虫による被害であったかは、不明なことが多い。害虫という言葉自体は、二〇世紀に入ってから広がったにすぎず、作物栽培などを通じ、人間社会が作り出してきた存在である。

第一章でもふれたように、自然災害は、①気象災害、②地殻災害、③虫・鳥獣害の三タイプに分類できるが、③の虫・鳥獣被害も古くから史料に現れる。『万葉集』をはじめとする和歌や、『信貴《しぎ》山縁起《さんえんぎ》絵巻《えまき》』『一遍上人絵伝《いっぺんしょうにんえでん》』などの多くの絵巻に、鳥獣を音で追う「引板」「鳴子《なるこ》」、猪・鹿などの進入を防ぐ木柵が描写されており、室町時代の東寺領丹波国大山荘《おおやまのしょう》（現兵庫県篠山市）では、荘民による代官排斥の過程で、「当所の事は、一夜もしゝ《（猪）》・さる《（猿）》おお《（追）》わてかなわ《（叶）》ず候」（『兵庫県史史料篇中世六』四四一）と、獣害防御が交渉の駆け引きに使われている。しかし中世の文献史料で、鳥獣害を災害と認識している事例はほとんどない。山野の開発が進行するなかで、人と猪・鹿などの活動域が重なり合っていくが、天敵である狼の存在などもあり、その被害は近世・近代に比べるならばまだ小さく、狩猟などの一定の対策も可能である。狩猟は、山間部などでは日常生活の一部を構成しており、局地的な被害は大きいものの、鳥獣害の大発生という事例はあまりない。野生動物の生存環境が、人間活動によって大幅に改変されてしまうのちの時代とは、状況が異なるのである。

　虫害を起こす昆虫にはさまざまな種類があるが、なかでもバッタは、大発生して生息密度が高まると、孤独相《こどくそう》から群生相《ぐんせいそう》へと形態や行動などを変え（相変異《そうへんい》）、移動しながらあらゆる植物を食べ尽くす。このため、『旧約聖書』出エジプト記の記述をはじめ、世界各地で神の祟《たた》りや天罰などとして恐れられた。大陸諸国と異なり、広大な好適生息地を欠く日本では、明治期の北海道などでの被害のほかは、あまり影響は知られていない。

　日本の稲作に大きな被害を与えた代表的害虫はウンカで、近世の享保飢饉の原因の一つが、ウンカの被害であったことはよく知られている。しかしそれ以前ははっきりした史料が少ないこともあり、虫害の歴史研究は近世までしか及んでいない。民俗学が虫送りなどの習俗を扱うことがあるものの、全体としてはあまり関心が持たれることはなかった。その背景には、農薬による防除法の普及で、虫害の深刻さが大幅に低下したことがある。近年では、農薬の危険性に対する関心の方が強くなっているとさえ思われほどである。

ウンカはベトナム北部や中国南部で発生し、梅雨期などに南西季節風に乗って、海を越えて日本にやってくる。ウンカの飛来域は梅雨前線とともに北上していくのであり、虫害の発生も、東アジアの気候と密接に関わっている。

## 昆虫の大発生

ウンカは日本にやってくると、気候条件などにより、時として大発生する。大きさは四・五ミリで、イネの葉や茎に細長い口を刺して汁を吸い、枯らしてしまう。セジロウンカやトビイロウンカが代表的なものであり、セジロウンカは七・八月によく発生する夏ウンカで、白地に灰黒色の斑文があり、トビイロウンカは出穂から登熟期に発生する秋ウンカで、油ぎった褐色（鳶色《とびいろ》）である。幼虫は脱皮を繰り返しながら成虫になるが、ぬけ殻は米糠《ぬか》を撒いたようにみえるため、地域によってはコヌカムシと表現されることもある。一ヵ月ほどで一世代を経過するが、成虫は翅《はね》が長く飛ぶことのできる長翅《ちょうし》型と、増殖力の大きい翅が短かく飛べない短翅《たんし》型の二つの形態を持ち、状況によって姿を変えながら移動・増殖し、冬には死滅するのである。地域によってさまざまな名称があるが、同じくイネの重要害虫であるヨコバイ類を含めて、近世以降次第にウンカと総称されていく。

メイチュウや後述するアワヨトウなども大きな被害を出してきたイネの害虫で、メイチ

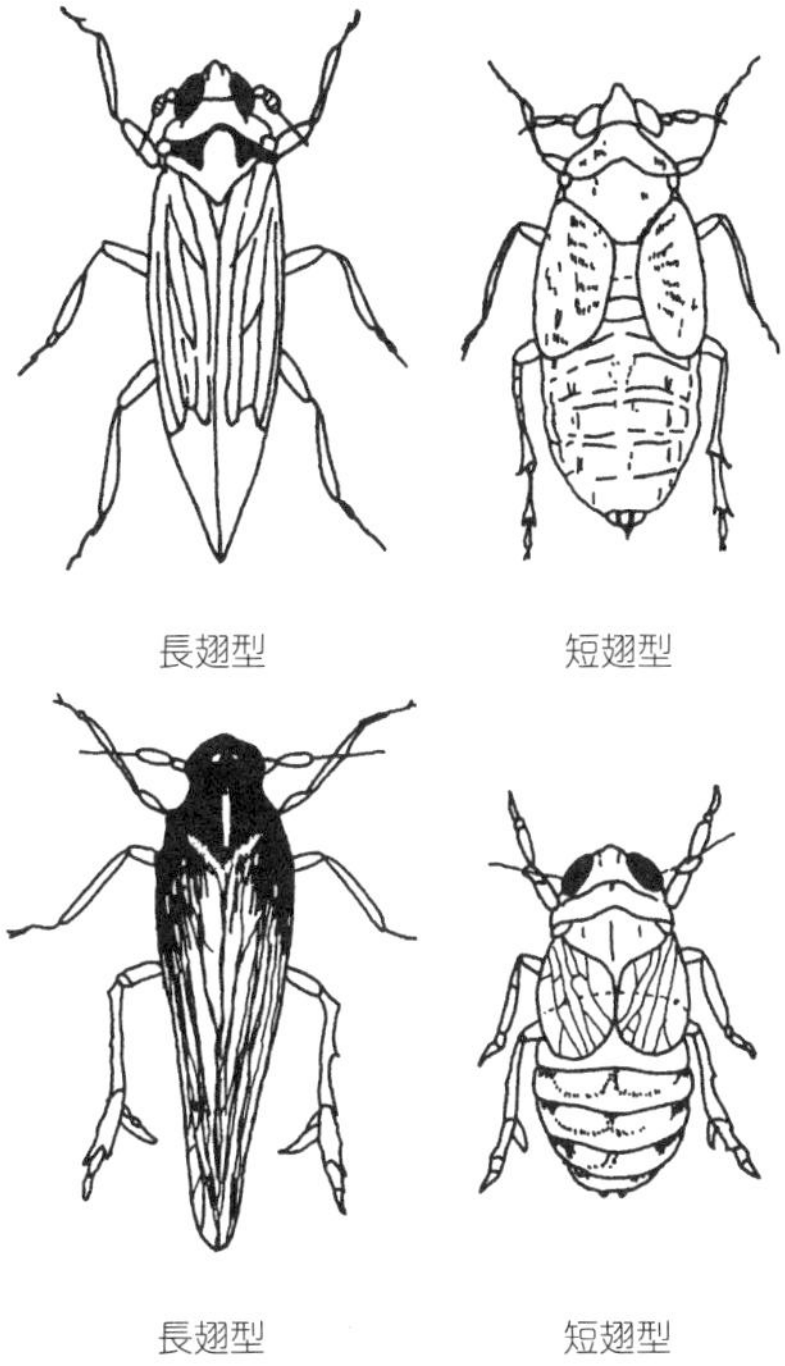


図35　セジロウンカ（上）とトビイロウンカ（那波邦彦『ウンカ』農山漁村文化協会、1994年より）

ユウは体長一、二センチの白い蛾《が》がイネに卵を産み、成長すると二センチほどになる幼虫が茎に潜り込んで内部を食害するため、イネは穂枯れや白穂《しらほ》となる。茎に潜入するため目立ちにくいが、幼虫の状態で越冬し、毎年発生する。年二回発生するニカメイチュウと三回発生するサンカメイチュウがいるが、成虫は灯火に集まる性質があり、以前には誘蛾灯《ゆうがとう》が防除に使われていたのである。

大発生したウンカは、「虫雨」「虫ふり」（『鎌倉遺文』一一四五二・一一四一六）、「蝗虫雨」（『園太暦《えんたいりやく》』目録延文二年〈一三五七〉閏七月七日条）などと記され、雨のように降ると表現された。『百錬抄《ひやくれんしよう》』治承三年（一一七九）四月条には、源平合戦最中の政情不安のなかで、「近日童謡《わざうた》に云く、五月一日より悪虫降るべし」などの不吉な流言があったことが記されている。

中国でも虫害、特に飛蝗（バッタ）の害は恐れられたが、やはり大発生した昆虫が飛ぶ姿を雨にたとえる。九世紀初の白居易《はつきよい》の詩「捕蝗」（『白氏文集《はくしもんじゆう》』）は、「荐食蚕《せんしよくかいこ》の如く、飛ぶこと雨に似たり、雨飛蚕食す千里の間、青苗を見ず空しく赤土あり」と描き、「一蝗死すと雖《いえど》も百蝗来る、豈《あに》に人力を将《も》って天災と競わんや」と歎《なげ》く。蚕のように植物を食べ、雨のように飛んで、移動しながら農作物を食い尽くすバッタの害を、人の手には負えない天災とみなしている。このような認識は、当然日本に持ち込まれ、長保四年（一〇〇二）成立の法制書『政事要略《せいじようりやく》』巻六〇に「捕蝗」は引用されており、仁平二年（一一五二）には成立した説話集『注好選《ちゆうこうせん》』下巻にも、大幅に改作されて組み込まれている。

なお近世に至るまで、虫の多くは湿気などから自然発生すると考えられており、病原体による作物被害と害虫被害との相違も、ほとんど識別されてはいなかった。イネの代表的病気であるイモチ（稲熱病）の語は、明応二年（一四九三）七月の加賀国金津荘《かなつのしよう》（現石川県かほく市）からの書状に「いもちことのほかつき候て、地下《じげ》迷惑の体に候」（『加能史料戦国四』）とみえる。しかしどのように理解されていたのかは不明で、後述する近世の虫害対策の水準を示す農書『除蝗録《じよこうろく》』でも、地域的な害虫の名称とするように、イモチの認識もあいまいなままであった。

## 2　古代の虫害と虫認識

### 古代の虫害史料

まず最初に虫の語義について確認しておきたい。ムシという日本語や虫という漢字は、ヘビ類を示す漢字が虫偏で、蝮がマムシと訓《よ》まれることが示すように、昆虫よりも広い範囲を含み、大部分の魚介類を除く小動物を意味していた。農業害虫は蝗という文字で表されるが、オオネムシ・イナムシと訓まれて、主にイネの害虫の総称として用いられ、近世では蝗でウンカを表現する例もみられるようになる。

虫と人の関わりは、時代によって大きく異なる。虫も少数ならば日常の光景にすぎず、少々増加しても、大きめの虫ならば、人力で駆除・捕殺することは、ある程度は可能である。一〇世紀初に律令の施行細則を集大成した『延喜式《えんぎしき》』巻三九には、天皇の食事などを担当する宮内省内膳司《くないしょうないぜんし》管轄の畠作物の栽培方法が詳しく記されており、わせの瓜《うり》畠一段では、三月に「払虫十二人」が必要とされていた。また建長六年（一二五四）成立の説話集『古今著聞集《ここんちょもんじゅう》』二六四は、朝廷の儀礼音楽をつかさどった楽所預《がくしょあずかり》の源頼能《みなもとのよりよし》が、奈良の玉手《たまて》信近《のぶちか》に横笛を習った際、「あるときは信近菰《（瓜）》田にありて、その虫をはら《（払）》ひければ、頼能もした《（従）》がひて朝より夕に至まで、もろともにはらひけり」と記す。狭い面積で集中管理がなされる瓜畠などでは、人力で虫を捕殺していたのである。

しかしウンカなどは原因やメカニズムがわからないまま、短期間に大発生をみるため、人間を超えた存在の作用と認識され、災害とみなされる。祭祀を担当した斎部《いんべ》氏の由緒を記した大同二年（八〇七）成立の『古語拾遺《こごしゅうい》』には、耕作の際に農夫に穢れとみなされる肉食をさせた大地主神《おおなぬしのかみ》に対し、御歳神《みとしのかみ》（田の神）が激怒し、田に蝗を放ったため、苗葉はたちまち枯れ損じて、篠竹のようになったという。大地主神が謝罪したため、御歳神は蝗が出で去る方法を教えたところ、苗葉はまた茂り、稲作は豊穣となる。蝗の発生は神の怒りによるもので、それを鎮めなければならなかったのである。

養老令《ようろうりょう》では、「凡《およ》そ水旱災蝗に遭《あ》いて、不熟の処、糧少なくして賑給《しんごう》すべくは、国郡実を検《かん》えて、預《あらかじ》め太政官に申して奏聞《そうもん》せよ」（戸令遭水旱条《こりょう》）、「凡そ田、水旱虫霜有りて、不熟の処、国司実を検えて、具《つぶさ》に録して官に申せ（後略）」（賦役令水旱条《ぶやくりょう》）などの記述がみえる。蝗（虫）は水・旱などと並ぶ災害で、国司などを通じて中央政府に申請することによって、被害者は賑給（困窮者への米などの支給）や課役免除の対象とされた。なお「水旱虫霜」などの語は、日本が手本とした唐令をふまえた表現である。また養老戸婚律《ここんりつ》の表記「部内旱澇《ろう》（水害）霜雹《ひょう》虫蝗有り、害を為すの処（後略）」（『政事要略』巻六〇）も唐律とほぼ同文であり、律令などでは全体に中国の影響を強く受けた表記・位置づけとなっている。

表4は六国史《りっこくし》に表れた虫害史料を整理したものである。蝗・蝗虫とあるだけで、どのような害虫による被害かは判断しにくいが、1の大宝元年（七〇一）八月の事例では、参

| 対　象 | 内　容 |
|---|---|
| 河ほか17ヵ国 | 十七国蝗 |
| 幡・伯耆・隠岐 | 蝗損禾稼 |
| 賀・伊勢 | 伊勢伊賀二国蝗 |
| 総 | 下総国旱蝗飢饉、賑給 |
| 下諸国 | 天下諸国蝗、畿内は遣使巡視、ほかは国司行事 |
| 摩 | 薩摩国蝗、免除負稲五千束 |
| 隅・薩摩 | 大隅薩摩二国蝗、免除納税 |
| | |
| 隅・薩摩 | 大隅薩摩二国蝗、免除未納税 |
| 摩 | 薩摩国蝗、免除調庸田租 |
| 摩 | 薩摩国蝗、免除田租 |
| 勢 | 伊勢国上言、蝗虫食稼（以下略） |
| 勢 | 伊勢大神宮奉幣、禱去蝗（以下略） |

（三）河・遠江・相摸・近江などの一七ヵ国に及んでおり、5の宝亀七年（七七六）八月の「天下諸国」の事例とともに、その広域性からウンカによる可能性が高いと考えられる。それ以外は、近接した一〜三ヵ国の被害である。また図36は、『日本中世気象災害史年表稿』などから抽出した九世紀から一六世紀の虫害史料の出現状況と、東アジアの広域夏季平均気温を重ねたものであるが、虫害は昆虫の種類や発生場所、移動範囲も多様で、傾向を示すことは容易ではない。後述するように、中世では荘園単位の史料が中心で、広範囲に及ぶ被害は確認しにくく、

表４　六国史にみえる虫害

| No | 年　月　日 | 出　典 |
|---|---|---|
| 1 | 大宝1年(701)8月21日 | 『続日本紀』 |
| 2 | 大宝2年(702)3月5日 | 『続日本紀』 |
| 3 | 慶雲1年(704)8月5日 | 『続日本紀』 |
| 4 | 天平勝宝1年(749)2月5日 | 『続日本紀』 |
| 5 | 宝亀7年(776)8月15日 | 『続日本紀』 |
| 6 | 弘仁3年(812)6月5日 | 『日本後紀』 |
| 7 | 弘仁4年(813)6月3日 | 『日本後紀』逸文（『類聚国史』17<br>『日本紀略』） |
| 8 | 弘仁4年(813)10月5日 | 『日本後紀』逸文（『類聚国史』8 |
| 9 | 弘仁6年(815)5月14日 | 『日本後紀』 |
| 10 | 弘仁10年(819)11月3日 | 『日本後紀』逸文（『類聚国史』17 |
| 11 | 貞観16年(874)8月1日 | 『三代実録』 |
| 12 | 貞観16年(874)8月13日 | 『三代実録』 |

旱・水・風害に比べるならば、頻度も高くはない。中世の虫害研究がほとんどない理由も、このような事情が一因である。

### アワヨトウの害

表4で注目されるのは、11および12の伊勢での事例である。『日本三代実《にほんさんだいじつ》録《ろく》』貞観一六年（八七四）八月一日条には、「是《こ》の日、伊勢国上言《じょうげん》すらく、蝗虫有りて稼《か》（実り）を食す、その頭赤きこと丹《に》の如く、背は青黒、腹は斑駮《はんぱく》（まだら）、大なるは一寸五分、小なるは一寸、種類繁聚《はんしゅう》して、一日に食う所四五町許《ばか》り、その一過する所、

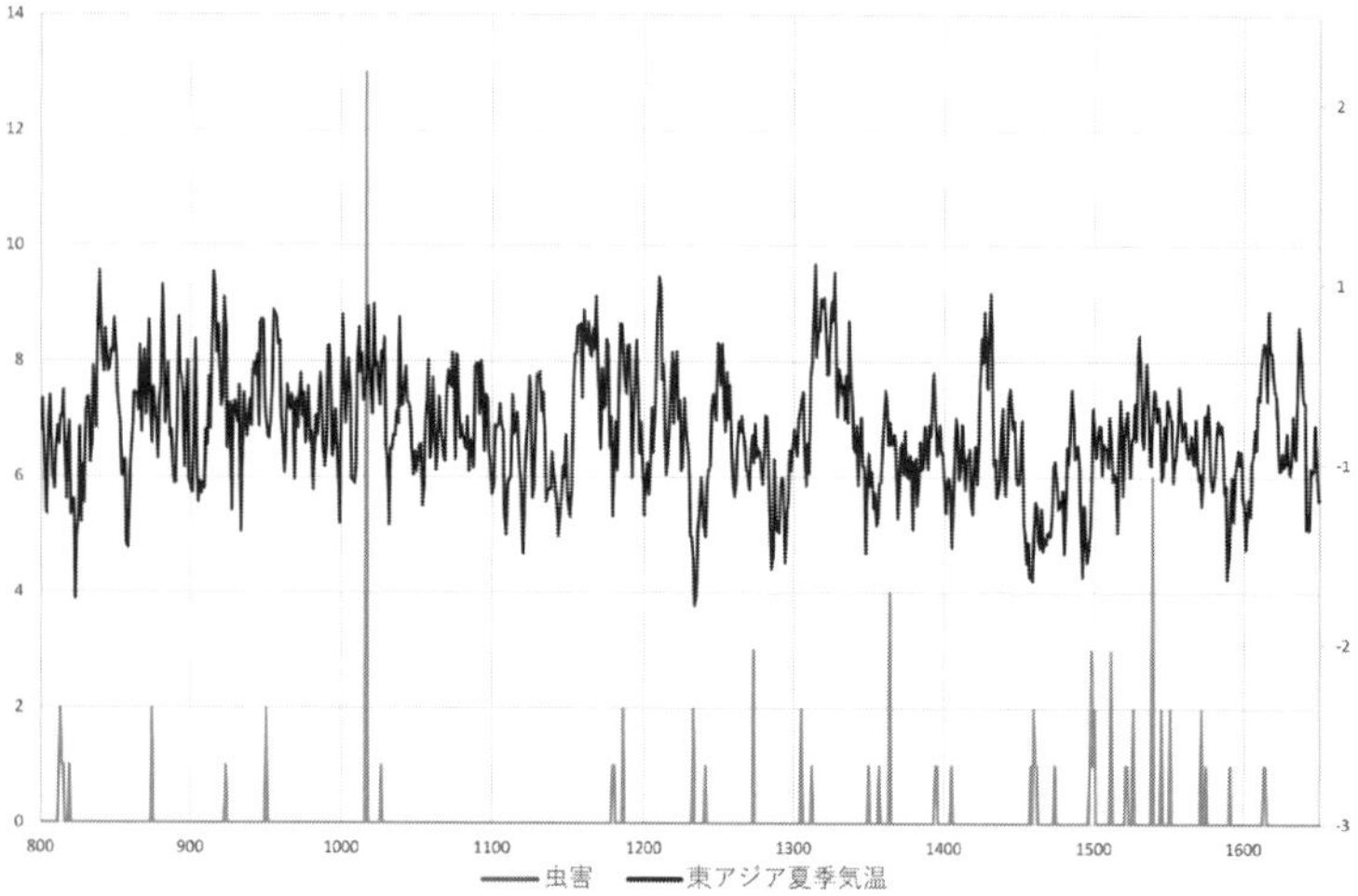


図 36　9～16 世紀の東アジアの気温と虫害出現状況

遺る穂有る無し」とあり、同月一三日条には、「弘道王を伊勢大神宮に遣して、幣《みてぐら》を奉り、災蝗の去らんことを禱《いの》る、此より以後、蝗虫或は蝶と化して飛び去り、或は小蜂の為に刺し殺さる所、一時に消え尽く」と記されており、かなり具体的な状況を知ることができる。なお一寸は約三センチである。

従来の研究では、八月一日条での虫の形態をトノサマバッタの表現とし、一三日条を別の虫とする。しかし一〇日余で同じ地域に全く別の害虫が発生したと考えるより、一連の事件ととらえる方がはるかに自然であるし、また描かれた虫の姿も明らかにアワヨトウの幼虫を示していると考えられる。

アワヨトウの幼虫はイネ科の植物につき、局地的に大発生して、イネやムギなどに大きな被害を出す。やはり相変異を起こし、単独相の緑色の強い個体と、群生相の黒褐色個体がいるが、成長した幼虫は頭部はオレンジ色で黒い斑文があり、五センチほどの大きさになる。やがて土中で蛹になるが、一〇〜一四日で成虫（蛾）となっていく。『三代実録』の表現は群生相のアワヨトウの特徴と完全に一致しているといってよく、一三日条の「蝗虫或は蝶と化して飛び去り、或は小蜂の為に刺し殺さる」という記述も、アワヨトウの観察をふまえてのものと判断できる。

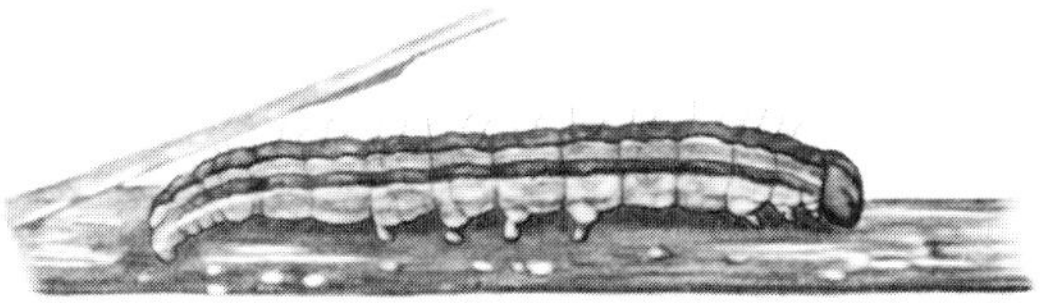

図37　アワヨトウ幼虫（河田党・後藤和夫監修『原色病害虫図鑑』1、北隆館、1958年より）

アワヨトウも中国大陸で発生し、成虫が低気圧に乗って日本に飛来する。幼虫は昼は植物の根元で静止しており、夜になると植物の上に登って葉を食うのであるが、大発生して幼虫の密度が高くなると、色も黒褐色となり、昼間でも葉に登って食うようになる。食欲旺盛で食い尽くすと行列をなして移動するが、その天敵が寄生バチである。アワヨトウのみを宿主《しゅくしゅ》にするカリヤコマユバチなどの数種類の寄生バチが知られており、カリヤコマユバチの場合、アワヨトウの幼虫体内に四〇〜一〇〇余の卵を産みつけ、卵から孵化《ふか》した幼虫は宿主を栄養として成長し、一〇日前後で成虫になるが、その時宿主は腹を食い破られ殺される。八月一日から一三日というのは、アワヨトウの蛹《さなぎ》が成虫（体長二センチぐらいの淡褐色の蛾）になったり、寄生バチが成長するのに適当な時間であり、「小蜂」という表現は、ミツバチなどに比べてかなり小さい寄生バチを示している可能性が高い。この記述で、当時天敵の認識があったと結論することはできないが、少なくともこの記事は、害虫を観察し、記録・報告する視点が存在していたことを証明している。

なお時期は下がるが、慶応元年（一八六五）に飛驒国で記された農書『農具揃《のうぐぞろえ》』（『近世地方経済史料』六）には、「沼田は拠《よりどころ》なけれど、さらたは土用《どよう》になると水を留めるがよし、さし虫生じ、五六日の内に多く蝗虫を刺し殺すなり、此さし虫の御陰ならでは力なし」との記述があり、蝗虫の天敵としての「さし虫」の利用が記されている。「さらた」は、「是も上等田にて水気などなきをいふ」とあるように、乾田《かんでん》のことである。

## 寛仁元年の虫害

寛仁元年（一〇一七）七月・八月にも、大規模な虫害が発生する。この時、権大納言・

右大将であった藤原実資《ふじわらのさねすけ》の日記『小右記《しょうゆうき》』によって、経緯をたどっていきたい。同七月一一日条で「国々蝗虫の愁《うれい》有り」と、虫害の発生が知らされる。同二八日条には、「近日山城・丹波、蝗虫災を成し、万人愁苦しむ」とあるように、山城・丹波での被害報告がもたらされ、同八月一日条になると、「丹後・但馬・丹波、蝗虫蜂起す、なかんずく丹波国山野田畠赤きが如しと云々、已《すで》に三ケ郡に及ぶと云々《うんぬん》」のように、被害が拡大し、とりわけ丹波では山野田畠が赤くなった（植物の枝葉が食害を受けた）という。そして翌日には、「天暦四年（九五〇）丹波・播磨の蝗虫の事を言上し、軒廊御卜《こんろうのみうら》有り、その後諸社に奉幣の由を勘申す」と、過去の対応が確認され、神祇官・陰陽寮《おんみょうりょう》の卜占《ぼくせん》（うらない）による原因究明と有力神社への奉幣《ほうへい》（神への捧げ物）が決定される。

「蝗虫遍満し、摂津国に到るといえり、これ只《ただ》聞き及ぶ所、諸国一同の天災歟《か》、時務理に非ず、災殃《さいおう》を得る所歟、悲しい哉《かな》、此の虫京中の草に在り、又余の家の草に在り、草の葉を食い、虫の体は蚕に似る」とあるように、全国的な虫害の広がりを危惧《きぐ》する一方で、時の政治が道理に合わないために起きた災いかと歎いている。虫は京都にも出現し、草の葉を食べ、姿は蚕に似ているという。

八月三日になって、「今日左衛門督頼宗《さえもんのかみよりむね》、蝗虫御祈の諸社奉幣使を定め申す、発遣は来る七日、又最勝《さいしょう》・仁王経《にんのうきょう》を転読《てんどく》し奉るべきの官符を、五畿七道に給うと云々、蝗虫遍満する国々は摂津・伊勢・近江・越前・播磨と云々」として、蝗虫対策の諸社奉幣使を派遣し、五畿七道に国家鎮護の経典である最勝経（金光明最勝王経《こんこうみょうさいしょうおうきょう》）・仁王経の転読を命ずる官符を下すことが決定されるが、虫害はその間、摂津・伊勢・近江・越前・播磨にも蔓延《まんえん》していく。諸社奉幣の責任者は、五日になって藤原頼宗から実資に交替し、七日に実施された。『小右記』にはこれ以降の記事はなく、中央政府としての対策は、これでいちおうの終結をみたのである。

この事件は、ほかにも多くの記録に現れる。藤原道長《ふじわらのみちなが》の日記『御堂関白記《みどうかんぱくき》』同年八月三日条には、「日来蝗虫有り、田を湌《くら》う所と云々、なかんずく丹波国尤《もっと》も愁有り」、五日条に「虫悉《ことごと》く死し愁無しと云々」、六日条には「皇（蝗）虫に依り諸社奉幣」とあり、使は翌日発遣された。参議《さんぎ》左《さ》大弁《だいべん》であった源経頼《みなもとのつねより》の日記『左《さ》経記《けいき》』八月二日条にも、「二十一社奉幣使を定め申さる、来たる七日を以って立たるべき也、蝗虫の災を除かんがため也、（中略）七箇日の間仁王・最勝両経を転読せしむべきの由官符を五畿・七道諸国に賜う、同じく虫の事に依る也」、七日条では「人々語るに、数千の鳥近日田畝《でんぽ》に相集り、蝗虫を湌い失なうと云々、是れ奉幣使を定めらる事幷びに読経すべきの由官符を諸国に賜りてより以来湌う所と云々」と記す。『日本紀略《にほんきりゃく》』や『百錬抄』でも、この事件は特記されている。

これらの経緯から明らかなように、中央政府には虫害発生の情報が集められ、共有されるとともに、諸社奉幣や仁王経などの転読が決定される。対策決定の経過はどの記録も一致しているが、虫害の実態認識などは逐次情報がもたらされているため、やや錯綜《さくそう》しているものの、「草の葉を食い、虫の体は蚕に似る」などの表現から、アワヨトウであった可能性が高い。『左経記』の数千の鳥が水田に集まり、害虫を食べたという記述は、捕食関係を明確に観察しており、それが奉幣使派遣や読経の結果に結び付けられていたことが確認できる。ほかの災害と同様、中央政府に現地からのさまざまな情報が集中されるシステムは、それなりに機能していたといえよう。

### 支配層の虫害認識

これまでの研究では、記録類は蝗という字一つで農業害虫の表現をすましており、害虫に対する観察力、観察しようとする関心は、たいへん低かったとする。確かに蝗だけで害虫を総称しており、個々の害虫を識別して命名し、独自の生態を把握するような知識体系は存在していなかったと思われるが、これらの史料からは害虫に対する観察力や関心が低いと評価することはできない。古代においては、中国の儒教的災異思想にもとづいて、災害発生には徳治・善政で応じるべきとされ、諸社奉幣や諸大寺を動員して仏神事を勤め、改元・大赦《たいしゃ》・賑給などの徳政的措置がとられた。蝗虫の大発生は国家的重大事であったため、観察にもとづいた情報などが集中的に寄せられたが、個別の害虫の名称や種類などは問題ではなかったのである。

中国では、飛蝗によるすさまじい被害が多くの記録に現れる。歴代の王朝は駆蝗《くこう》の官職をおいて農民に駆除を督促するなど、さまざまな施策を講じていた。貞観二年（六二八）、唐太宗《たいそう》が民を救うために蝗を飲み込んで災を防いだという『貞観政要《じょうがんせいよう》』の逸話は、同書が政治教科書として中国のみならず、朝鮮や日本の為政者に広く読まれたものであったため、日本社会にも浸透していく。中世では、『十訓抄《じっきんしょう》』一〇—一〇や『古今著聞集』一七一、『太平記《たいへいき》』巻三五などの文学作品にみられ、また徳治三年（一三〇八）八月の幕府奉行人平政連《たいらのまさつら》が北条貞時《ほうじょうさだとき》に諫言《かんげん》した文書に、「唐帝、人の為に遂《つい》に蝗を呑《の》む、仁主の志、劣るべからざる歟」（『鎌倉遺文』二三三六三）とある。しかし実際には、『小右記』寛仁元年（一〇一七）八月二八日条に「古人云《いわ》く、政を以て蝗を駆《お》う、善政と謂《い》う所、近代何の術を以て駆い追うを得ん哉」とあるように、政治家として虫害への対応に無関心ではいられなかったものの、現実に害虫に対処しようとしても、駆除に活かせるような知識・技術はなにも存在していない。善政が求められるとはいうものの、諸社奉幣や経典読誦《どくじゅ》などに委ねるしか、方法はなかったのである。

なお『三代実録』貞観元年（八五九）八月三日条には、滋岳川人《しげおかのかわひと》らが「大和国吉野郡高山において、祭礼を修せしむ、董仲舒《とうちゅうじょ》の祭法に云く、螟《めい》・縢《とう》五穀を賊害する時は、害食の州縣内の清浄なる処において、これを解きこれを攘《はら》う、故に此の法を用いき」とある。同五年二月一日条にも、川人らは「大和国吉野郡高山に向い、祭事を修し、預《あらか》じめ虫害を攘う也」とみえる。董仲舒は前漢の儒学者で、君主の失政や悪徳に対して、天が自然災害や異常現象を起こして譴責《けんせき》すると解釈した災異思想の大成者である。滋岳川人は著名な陰陽師《おんみょうじ》であるが、彼らを動員して、「董仲舒祭法」によって螟・縢（中国の辞典類にみられる害虫分類で、螟は茎、縢は葉を食べる）の虫害を攘ったというが、以後はこのような祭儀は確認できなくなる。

中世に入ると、中央政府の情報収集機能は弱まり、荘園制的支配体系にもとづく個別的な情報が、虫害史料の多数を占めるようになる。内容的にも、大般若経の読誦などの仏教儀礼に比重がかかっていくのである。

## 虫認識の展開

古代には、万葉歌人の高橋虫麻呂や道鏡事件の和気清麻呂の姉広虫のように、「虫」がつく人名は多い。戸籍の人名や、六国史の『続日本紀《しょくにほんぎ》』『日本後紀《にほんこうき》』までは、「虫麻呂」などの名は多数にのぼるが、以降は減少する。これは虫に霊力を感じていたアニミズム（霊的存在への信仰）にもとづく命名が、九世紀前半、嵯峨天皇期の人名唐風化によって影響を受けたためとされる。それとともに一〇世紀初には、唐の『新修本草《しんしゅうほんぞう》』の影響を受けた『本草和名《ほんぞうわみょう》』が撰進され、部門別の漢和辞書・百科事典である『倭名類聚抄《わみょうるいじゅうしょう》』の編纂とあわせて、中国の本草学（薬物学）を基礎にした分類や和名の確定など、虫を含む博物学的な知識や関心が高められていく。

『万葉集』では、秋に鳴く虫を蟋蟀《こおろぎ》で総称していたが、平安時代になると、虫の種類が識別され、知識も蓄積されていく。和歌などに登場するのは、鈴虫・松虫・きりぎりすなどの鳴く虫が中心で、鳴かない虫としては蛍《ほたる》・蜻蛉《かげろう》といったはかなげな風情のあるものがほとんどである。物語でも、やはり和歌のイメージで虫を描く事が多いが、なかにはそれにとらわれない、虫に対する観察眼に支えられた著述も存在する。

その代表が『枕草子』で、多種多様な虫が登場するが、「虫は」の段にはまず、歌題となる興味深い虫として、鈴虫・ひぐらし・蝶・松虫・きりぎりす・はたおり・われから・ひをむし・蛍の九種類をあげ、次いで蓑虫《みのむし》・ぬかづき虫（コメツキムシ）・蝿・夏虫・蟻《あり》の五種類とその寸評を記す。きりぎりす・はたおりは今のコオロギ・キリギリス、われからは藻に住む小型の甲殻類、ひをむしは朝に生まれて夕方には死ぬ蜉蝣《かげろう》の類である。蝶も『万葉集』では詠《よ》まれていないが、平安期に大きく評価が変わった昆虫であった。その他の段でも、蚊《か》や蚤《のみ》、蜈蚣《むかで》・蜂・轡虫《くつわむし》などが描かれているが、「ぬかづき虫、またあはれなり。さる心地に道心《どうしん》（信仰心）おこしてつきありくらん（額をつけて拝みまわっているのだろう）よ。思ひかけず、くらき所などに、ほとめきありきたる（音を立てて歩く）こそをかしけれ」のように、独自の生態観察がうかがえるのである。

その延長線上に位置づけられるのが、平安時代後期から鎌倉時代前期に成立した短編物語集『堤中納言物語《つつみちゅうなごんものがたり》』の一篇である「虫めづる姫君」である。著者は不明であるが、「蜂飼大臣」の異名を有した太政大臣藤原宗輔《ふじわらのむねすけ》（一〇七七～一一六二）周辺にモデルが求められている。按察使《あぜち》大納言の姫君は、「かはむし（毛虫）の蝶とはなるなり。そのさまのなり出づるを、取り出でて見せ給へり」とあるように、「かはむし」などを愛《め》でる特異な人物で、毛虫が蝶に変態していく過程を見極めようとする優れた観察眼の持ち主である。

「本地《ほんじ》（本来の姿）たづねたるこそ、心ばへをかしけれとて、よろづの虫のおそろしげなるをとり集めて、これがなら《（成）》むさまを見む」と、変化する事物の表面ではなく、根本を重視すべきと主張する。

しかし、いたずらで贈られてきた作り物の蛇を本物の蛇と見間違え、「南無阿弥陀仏、南無阿弥陀仏とて、生前のおや《（親）》ならむ。な騒ぎそとうちわななかし」と、蛇を前世の親かもしれないから騒ぐなといいつつ、念仏を唱え、うち震えながら対処したように、姫君の意識には輪廻《りんね》転生《てんせい》思想が浸透していた。虫の変態という自然現象も、毛虫を蝶の「本地」と仏教用語でとらえるように、そこには仏教的な論理が重なっている。

平安時代の文学作品はそれ以前に比べて、虫に対する描写はより多彩になるが、パターン化された表現も多い。虫などに対する個別の知識は確実に積み上げられてはいたものの、それは仏教的な知識体系のなかに組み込まれていくのである。平安末期の今様歌謡集『梁塵秘抄《りょうじんひしょう》』にも多くの虫が登場するが、実際の生き物としての関心ではなく、擬人化された虫の動きに興じるものであった。

## 3　仏教と虫認識

### 虫害の宗教的対応

中世社会においては、あらゆる局面で仏教的色彩が強められていく。人々は自らの生存を危険に陥れる災厄に対して、さまざまにその理由・原因を考え、少しでもコントロールしようとするが、現在においては、その役割は主として近代科学が担っている。前近代社会でも、当時の知識水準にもとづいて最も納得のいく説明を求めていたが、技術力が自然の猛威に対し著しく低位にあったため、宗教的・呪術的な解釈が高い説明力を持つことになる。このような段階では、いくら情報を集めても害虫の駆除には結び付かず、祈禱などに依存するしかないのである。技術と宗教は相互に補完し合うものであるが、当時の虫害対策としては、宗教的対応を優先せざるをえなかった。

災害を宗教的にとらえるのは、日本・アジアだけではなく、ヨーロッパでも同じであり、キリスト教会は災害を人間に対する神の怒り・懲罰とみなし、災厄をまぬがれる祈禱を行った。災害は信仰上の現象で、対処すべきなのは日々の信仰生活の改善であり、被害からの回復ではなかったという。虫害に関連して注目されるのは、昆虫や動物を悪魔や悪霊の手先・化身とみなし、祓魔《ふつま》の儀式を行うとともに、一二世紀以降は宗教裁判所で動物裁判にかけ、破門宣告するようになることである。ヨーロッパでは人間界の論理が自然界にも貫徹され、動植物まで人間同様の裁判にかけられ、処刑ないし破門された。災害観としては共通する部分も多いが、人と虫の関係を含む自然観などは、日本とヨーロッパとでは違いも明確である。

従来、伝統的な虫害対策の代表とされてきたのが虫送りで、農作物の害虫を駆逐するために、松明《たいまつ》や藁《わら》人形を担ぎ、鉦《かね》・太鼓をたたいて囃《はや》し、村境まで送るのである。送られるのは、害虫そのものや虫霊、虫害をもたらす御霊《ごりょう》であったりするが、この藁人形をサネモリと呼ぶ地域も多い。

虫送りは、柳田国男《やなぎたくにお》以降、民俗学などの分野で多くの研究蓄積があるが、現段階では、史料的に確実に遡れるのは戦国期で、朝廷の実務官僚であった押小路師象《おしこうじもろかた》の日記『師象記』大永六年（一五二六）六月二一日条には、「今夜所々において囃物有り、近日蝗虫有りて禾黍《いねきび》を侵すの間、件《くだん》の蝗を逐《お》うの由也と云々、昨夜同じく此事有り」とあり、夜に囃物で農作物に害を与える蝗を逐ったという。この時期には、京都周辺で虫送りが行われていたのであるが、虫送りは御霊信仰・大般若《だいはんにゃ》信仰や念仏などと結び付き、さまざまな姿を

図 38　虫送り（『除蝗録』より）

図 39　光明本尊（妙楽寺所蔵）

みせる。第一章でふれたように、大般若信仰は中世を通じて村落に浸透し、大般若経を転読して村境や各家の戸口に祈禱札を立てるなどの民俗儀礼として、現在も生き続けている。これらの虫送りの行事では、疫神送りと同様に、悪霊を送り出す呪具であった鉦や太鼓が用いられる。

虫送り念仏も各地に伝えられている。滋賀県東近江市伊庭《いば》の妙楽寺《みょうらくじ》では、現在でも毎年七月に「虫供養百万遍《むしくようひゃくまんべん》」の行事が行われている。妙楽寺はもとは天台宗であったが、真宗仏光寺《ぶっこうじ》の発展に尽くした了源《りょうげん》の弟子了念《りょうねん》が再興し、湖東の仏光寺派の中心的存在となった。仏光寺教団は蓮如《れんにょ》以前には本願寺をしのぐ勢力を有し、光明本尊《こうみょうほんぞん》や絵系図作成によって広く信者を獲得した。絵系図は了源が始めたとされる入信者の絵像をつないでいく系図形式の名簿で、一四世紀前半に始まり、一五世紀初頭に最盛期を迎える。放射状に光明を放つ名号＝阿弥陀仏を中心に浄土教を守り伝えた高僧らの像を描いた光明本尊とセットになり、絵系図に描かれることによって阿弥陀に連なるのである。

正慶二年（一三三三）、イネの虫害が発生したため、妙楽寺の了念は光明本尊を安置し、伊庭荘内の田地を巡って村人とともに念仏したところ、虫は去って豊作となった。その後、康暦元年（一三七九）にも大飢饉となったが、伊庭荘だけは無事であった。そのため、この光明本尊は、「虫払いの名号」「豊作の名号」といわれたという。伊庭荘では虫害を鎮める儀式の中心に光明本尊があり、光明本尊と念仏の霊威によって虫の霊を送ったのである。なお康暦元年は『後鑑《のちかがみ》』『続史愚抄《ぞくしぐしょう》』などから、全国的な飢饉の年であったことが知られる。

## 怨霊と虫送り

京都醍醐寺の座主《ざす》で幕府政治にも深く関わった満済の日記『満済准后日記《まんさいじゅごうにっき》』応永二一年（一四一四）五月一一日条には、「斎藤別当真盛《さいとうべっとうさねもり》の霊、加州篠原《しのはら》において出現す、遊行上《ゆぎょうしょう》人《にん》に逢い、十念を受くると云々」とある。『平家物語』巻七に描かれたように、寿永二年（一一八三）、平氏方の有力武将であった斎藤実盛は、白髪の頭を黒く染め、老齢の身を押して木曾義仲《きそよしなか》と加賀国篠原（現石川県加賀市）で戦い、討ち取られた。その実盛の亡霊が出現したが、時宗《じしゅう》の遊行上人が念仏を一〇遍唱えさせて、往生させたというのである。

非業の死を遂げた者が怨霊《おんりょう》となることは当時広く信じられており、時宗は戦死者の埋葬供養・鎮魂に積極的に関わってきた。この時の遊行上人は一四世他阿弥陀仏太空《たあみだぶつたいくう》で、優れた教団経営者として、室町将軍とも密接な関係を作り上げていた。『満済准后日記』にみ

図 40　火に投げ込まれる実盛人形（稲沢市祖父江町）

えるように、太空の実盛供養の話は、京都では広く喧伝されたらしく、世阿弥《ぜあみ》はこの出来事を基礎に謡曲「実盛」を書いたのである。

南宋の羅大経《らだいけい》『鶴林玉露《かくりんぎょくろ》』に戦死者の寃魂《えんこん》（恨みの残っている魂）を蝗害の原因とする記述があるが、同書は遅くとも応永頃には日本で読まれており、世阿弥の謡曲「俊寛《しゅんかん》」や『義経記《ぎけいき》』巻七などに、その影響が指摘されている。このような状況のなかで、斎藤実盛の御霊と虫害が結び付いていくのであり、のちには農業害虫を実盛虫と名付けたり、虫送りの藁人形をサネモリと呼ぶようになる。

「鍋島勝茂《なべしまかつしげ》公御年譜」（『佐賀県近世史料』第一編第二巻）には、慶長一八年（一六一八）の八月から九月にかけて、「東西より実盛虫、田に入て悉く喰枯す」とあり、寛永一五年（一六三八）の周防の村では、「実盛送りの入目《いりめ》」（『東大寺文書一六』七七三）が必要経費として書き上げられているなど、近世初期には「実盛」は害虫（ウンカ類）の表現として広く展開していく。文献史料の乏しい虫送り行事ではあるが、多様な性格を有しており、中国の虫逐い習俗との類似点の多さから、伝播してきた可能性も指摘されている。

このような虫に対する意識の底辺を形作ったのが、仏教の輪廻転生思想である。一〇世紀末成立の源信《げんしん》『往生要集《おうじょうようしゅう》』では、人間が輪廻転生する畜生道の衆生として、禽類・獣類・虫類が位置づけられており、鴨長明《かものちょうめい》の『発心集《ほっしんしゅう》』一には、花に執心するあまり、死後に蝶に生まれ変わる話が収録されている。正嘉二年（一二五八）に釈迦《しゃか》念仏会《ねんぶつえ》の本尊として造立された唐招提寺《とうしょうだいじ》釈迦如来像に納められた結縁者の連名書（『鎌倉遺文』八二二六）には、獣類・禽類・魚類・貝類や、蜘蛛《くも》・蚤・虱《しらみ》・蜈蚣・蜻蛉・蟻・蚯蚓《みみず》・蛙《かえる》・蚊や蚕・蟹《かに》の類まで書き上げられ、「かならす（必）かならす（必）これらの衆生よりはしめ（始）て一切衆生みな（皆）みな（皆）仏となさせ給へ」と記されている。観世《かんぜ》信光《のぶみつ》（一四三五～一五一六）作の謡曲「胡蝶《こちょう》」でも蝶が成仏しており、仏教が社会に浸透する過程で、虫類も成仏できると考えられるようになっていく。人と虫は連続しており、人は虫の霊を送り、成仏させるのである。

「鵤荘引付《いかるがのしょうひきつけ》」(『太子町史』三)明応六年(一四九七)条に、「同年五月、当国近年虫喰もっての外也。仍《よ》って府中惣社・諸山において仁王□《(講)》を申し付けられ、執行これ有り、就《つい》ては、国中へ一反別五文宛布施《ふせ》用途《ようと》とて反銭《たんせん》配封《(符)》を入れらる」とあるように、虫害に苦しんだ播磨では、府中(現兵庫県姫路市)を中心に一国レベルで虫害対策の仁王講が営まれ、一反につき五文の経費が国中で徴収された。同七年条には、「猶《なお》もって虫喰止まざるの間、政所へ名主百姓中より侘言《わびごと》にて、法隆寺へ注進これ有り。行信《ぎょうしん》大般若幷びに百座仁王講以下を執行す。札多く地家《(下)》へ下さる。さ様の儀により虫漸々に喰止めおわんぬ」とある。

虫害が止まらないため、名主百姓の懇願により、荘園領主法隆寺ルートで大般若経や仁王経の読誦が行われ、その祈禱札が多く村落にもたらされた結果、虫害はようやく止んだ。虫害消除の祈禱も、さまざまなレベルとルートで行われたが、のちには虫送りなどの年中行事となっていく。

## 害虫認識の深化

荘園領主の年貢徴収に関する帳簿には、「当年虫付に依り、百姓等上申するの間、則《すなわ》ち検知の処に、是非無く候」(『相生市史第八巻上』五七〇)などのように、年貢の未進や減免の理由・根拠に虫害が現れるが、やはり多くは「虫」「蝗虫」というだけの表現である。しかし一部では、地域社会が与えたローカルな名称が確認できるようになる。直接害虫と対峙せざるをえない村落などでは、虫の認識は確実に深められていく。

　嘉元三年八月（一三〇五）の若狭国太良荘《たらのしょう》の百姓の訴えには、「早田は、穂出で花懸けの最中、於加虫《おがむし》付て吸い喰うの間、カヤ穂の如くして苅取に及ばず、今に所々を立ち捨てせしめおわんぬ」（『鎌倉遺文』二二三〇六）と、「於加虫」の名がみえる。土佐の例であるが、享保一六年（一七三一）の農書『富貴宝蔵記《ふうきほうぞうき》』や天保一一年（一八四〇）の『農家《のうか》須《す》知《ち》』には、イネの害虫として「ヲカ虫」「おが虫」が記され、カメムシと推測されている。若狭では、文化一二・三年頃（一八一五・一六）に作成された「若狭国小浜領風俗問状答」（『日本庶民生活史料集成』九）に、イネの害虫として「ぬかむし・根虫・善徳むし」とともに、「おがむし」が記されている。オガムシは近世以降はカメムシをさすが、中世若狭ではどのような虫を表現したのかは判然としない。

　また「今年日本国一同飢渇の上、佐渡国七月七日巳下、天より忽《たちま》ち石灰虫と申す虫雨に、一時に稲穀損失し」（『鎌倉遺文』一一四五二）、「七月十五日より上下いしはいと申虫ふりて、国大体三分のうへそんし候ぬ」（『鎌倉遺文』一一四一六）とあるイネに降った害虫

「石灰虫」「いしはい」は、「小糠虫」などと同じく、ウンカと思われる。塔寺八幡宮長帳《とうでらはちまんぐうながちょう》（『会津坂下町史』文化編）には、永正八年（一五一一）に「八月より稲にすいはくの虫たかり候て」とあるが、安永五年（一七七六）に津軽で記された農書『耕作噺《こうさくばなし》』にも、イネの害虫「すいはく虫」がみえており、やはりウンカとされる。これらはウンカの地方名と判断できるが、命名は虫の特性を識別する第一歩である。近世には多様な農書が著述され、害虫に付けられたさまざまな名称が確認されるが、その基礎は中世に形作られていた。

中世の人々は害虫の特性を一定程度認識していたが、民衆の識字の問題もあって、明確に著述されることはなかった。ウンカの注油駆除法を普及させた文政九年（一八二六）の大蔵永常《おおくらながつね》『除蝗録』は、火をたいて蝗を駆除した『詩経《しきょう》』『唐書《とうじょ》』などの事例をふまえ、「いつしか松明を灯し、鉦・太鼓をならし、田の畦《あぜ》を巡《めぐれ》ば其《その》音に集り、灯火に群《むらがり》て焼る、故、蝗逐といへる事を始しと見へたり。又空也《くうや》念仏《ねんぶつ》より出たりともいへり」と虫送りに言及したうえで、より有効な手段として、鯨油《げいゆ》による防除を説明するのである。虫が松明や灯火に集まって焼死するという経験的知識は古くから広まっており、火に入る習性を利用することは、一部の虫にはある程度の効果はあったと思われる。空也念仏に虫送りの起源が求められているように、それらの行為が中世に遡る可能性は高い。しかしその場合でも、経験的知識は仏教的儀礼の一部に組み込まれ、意味づけられて機能するしかなかった。

やがて近世において、儒教などを取り入れつつ、仏教的業因説を否定し、災害を含め、現世のありさまを現世の人間行為から説明しようとする意識が浸透する。一七世紀初の明《みん》の『本草綱目《ほんぞうこうもく》』の輸入を画期に、観察や発生による分類がいっそう進み、一八世紀後半には民衆知のうえに立つ物産書や図譜類が出現し、農書も普及していった。中世社会における仏教的な認識をいったん通過したうえで、諸技術・知識の向上に支えられて、農書などが示す経験科学的な虫害対策が受け入れられたのである。ヨーロッパにおいても、一七・一八世紀に動物裁判は科学的合理思想によって批判され、消滅していく。

## 4　人と虫と災害

荘園領主の文書には、年貢減免などの対象となる比較的規模の大きな虫害のみが記され、日常レベルの被害は史料に現れにくい。しかし昆虫でも、土中で保存されやすい硬化した外骨格を有する種目ならば、遺跡から検出される。弥生時代以降の遺跡から、イネクロカメムシなどの稲作害虫が確認されており、人が特定の作物を生産するようになれば、当然そこには適合する虫が増殖したのである。ある程度の被害を織り込んだうえで、日々の生産・生活が組み立てられ、前述した『古今著聞集』の瓜畠の例などのように、虫が作物についた時には、人々は可能な範囲で駆除する。中世にはマメ科植物や果樹などの葉を加害するヒメコガネなどの畑作害虫が増加しており、一二〜一三世紀の大毛沖遺跡《おおけおきいせき》（現愛知県一宮市）からは、人の手によって捕獲されたヒメコガネを投棄した小坑が、九ヵ所も確認されている。

農耕の展開や気象条件などが重なって自然のバランスが崩れ、特定の昆虫が爆発的に増加した時、虫は災害となる。しかし休眠性を持たないウンカが、日本では越冬できないように、一時的に大発生する昆虫には、冬の寒さに耐えられない種類も多く、また大多数の昆虫には、捕食・寄生する固有の天敵が存在する。そのため、大発生しても、自然のサイクルのなかで、次第にバランスが回復されていくのである。天敵を利用した害虫駆除は、現在進められている農薬に頼らない総合的病害虫・雑草管理（ＩＰＭ）においても、重要な要素となっている。

古代・中世においては、人の手に負えない虫害が発生した場合、その原因に対して、祈禱によって働きかけようとしたが、それが自然のサイクルに回復を委ねねばならなかった段階で主要な対応であった。自然のサイクルによる回復こそが、神仏の機能であったと言い換えることもできよう。しかし地域社会での虫認識は少しずつではあるが深化をみせ、その延長線上に、近世社会におけるさまざまな民衆知をふまえた農書が登場する。新たな現世主義的・合理的な技術・知識が蓄積され、仏教的認識が相対化されていく過程で、虫害に対する宗教的対応は主役の座を下り、鯨油などを用いた農学的対応が全面に立ち現れてくるのである。しかし虫の霊を祀る・送るという意識は現在にも残り、虫送りの行事や虫塚・虫供養塔などを、各地に確認することができる。

# 参考文献

（紙数の関係で代表的なものにとどめた）

## 全体に関わるもの

北原糸子編『日本災害史』（吉川弘文館、二〇〇六年）
中塚武監修『気候変動から読みなおす日本史』全六巻（臨川書店、二〇二〇・二一年）
藤木久志編『日本中世気象災害史年表稿』（高志書院、二〇〇七年）
水野章二『中世の人と自然の関係史』（吉川弘文館、二〇〇九年）

## 第一章　中世の農業災害と気候変動

ＩＰＣＣ（気候変動に関する政府間パネル）『第五次評価報告書』（環境省ＨＰ、二〇一四年）
磯貝富士男『日本中世奴隷制論』（校倉書房、二〇〇七年）
磯貝富士男「気候変動と中世農業」（井原今朝男編『中世の環境と開発・生業』〈『環境の日本史』三〉、吉川弘文館、二〇一三年）
伊藤啓介「一三・一四世紀の流通構造と商業」（『日本史研究』六九〇、二〇二〇年）
伊藤啓介「「大飢饉」のない一四世紀」（伊藤啓介・田村憲美・水野章二編『気候変動と中世社会』〈『気

候変動から読みなおす日本史』四〉、臨川書店、二〇二〇年）
伊藤俊一「一四～一五世紀における荘園の農業生産の変動」（伊藤啓介・田村憲美・水野章二編『気候変動と中世社会』〈『気候変動から読みなおす日本史』四〉、臨川書店、二〇二〇年）
井原今朝男『中世の国家と天皇・儀礼』（校倉書房、二〇一二年）
井原今朝男「中世の生業・技術・呪術」（井原今朝男編『中世の環境と開発・生業』〈『環境の日本史』三〉、吉川弘文館、二〇一三年）
今堀太逸『権者の化現』（思文閣出版、二〇〇六年）
内田敦士「季御読経の成立と防災方針の変化」（『待兼山論叢』史学篇五〇、二〇一六年）
内田敦士「平安時代の仁王会」（『ヒストリア』二六五、二〇一七年）
卜蔵建治『ヤマセと冷害』（成山堂書店、二〇〇一年）
片平博文『貴族日記が描く京の災害』（思文閣出版、二〇二〇年）
菊池勇夫『飢えと食の日本史』（『読みなおす日本史』、吉川弘文館、二〇一九年）
産業技術総合研究所編『琵琶湖西岸断層帯の活動性および活動履歴調査』（産業技術総合研究所、二〇〇七年）
平　雅行「中世仏教における呪術性と合理性」（『国立歴史民俗博物館研究報告』一五七、二〇一〇年）
高島正憲『経済成長の日本史』（名古屋大学出版会、二〇一七年）
田村憲美「日本中世史研究と高分解能古気候復元」（『日本史研究』六四六、二〇一六年）
田村憲美「一〇～一二世紀の気候変動と中世荘園制の形成」（伊藤啓介・田村憲美・水野章二編『気候

変動と中世社会』〈『気候変動から読みなおす日本史』四〉、臨川書店、二〇二〇年）
土山祐之「東寺領山城国上久世荘の自然災害」（伊藤啓介・田村憲美・水野章二編『気候変動と中世社会』〈『気候変動から読みなおす日本史』四〉、臨川書店、二〇二〇年）
坪井八十二『気象と農業生産』（養賢堂、一九八六年）
中塚　武「高分解能古気候データを用いた新しい歴史学研究の可能性」（『日本史研究』六四六、二〇一六年）
中塚　武「中世における気候変動の概観」（伊藤啓介・田村憲美・水野章二編『気候変動と中世社会』〈『気候変動から読みなおす日本史』四〉、臨川書店、二〇二〇年）
西村泰郎『勧請縄』（サンライズ出版、二〇一三年）
西谷地晴美『日本中世の気候変動と土地所有』（校倉書房、二〇一二年）
原田信男「東国の中世村落における開発と災害」（『国立歴史民俗博物館研究報告』九六、二〇〇二年）
久野修義「中世日本の寺院と戦争」（歴史学研究会編『戦争と平和の中近世史』、青木書店、二〇〇一年）
藤木久志『飢餓と戦争の戦国を行く』（『読みなおす日本史』、吉川弘文館、二〇一八年）
＊水野章二「中世の災害観と神仏」（『悠久』一二九、二〇一三年）
水野章二編『よみがえる港・塩津』（サンライズ出版、二〇二〇年）
＊水野章二「気候変動と災害対応」（中塚武他編『新しい気候観と日本史の新たな可能性』〈『気候変動から読みなおす日本史』一〉、臨川書店、二〇二一年）
峰岸純夫『中世　災害・戦乱の社会史』（『読みなおす日本史』、吉川弘文館、二〇〇一年）

山下克明「災害・怪異と天皇」（網野善彦他編『コスモロジーと身体』〈『岩波講座天皇と王権を考える』八〉、岩波書店、二〇〇二年）
山田雄司「怨霊」（上杉和彦編『経世の信仰・呪術』、竹林舎、二〇一二年）
Cook et al, "Tree-ring reconstructed summer temperature anomalies for temperate East Asia since 800 C.E.", Climate Dynamics, 41, 2013.

## 第二章　旱害と中世の耕地・用水

伊藤寿和「東大寺領大和国「清澄荘」に関する歴史地理学的研究」（『日本女子大学文学部紀要』五〇、二〇〇〇年）
稲垣泰彦『日本中世社会史論』（東京大学出版会、一九八一年）
井上寛司「弘福寺領大和国広瀬庄について」（赤松俊秀教授退官記念事業会編『国史論集』、赤松俊秀教授退官記念事業会、一九七二年）
大山喬平『日本中世のムラと神々』（岩波書店、二〇一二年）
片平博文他「京都における歴史時代の災害とその季節性」（『京都歴史災害研究』六、二〇〇六年）
木村茂光編『日本農業史』（吉川弘文館、二〇一〇年）
金田章裕『条里と村落の歴史地理学研究』（大明堂、一九八五年）
久馬一剛『土とは何だろうか？』（京都大学学術出版会、二〇〇五年）
小山靖憲『中世村落と荘園絵図』（東京大学出版会、一九八七年）

佐藤洋一郎「水田の景観二〇〇〇年の変遷史」(『日本史研究』六〇七、二〇一三年)
条里制・古代都市研究会編『古代の都市と条里』(吉川弘文館、二〇一五年)
スティーブン・トレンソン『祈雨・宝珠・龍』(京都大学学術出版会、二〇一六年)
田上善夫「気候災害・防災祈願と古代・中世の気候変動」(『歴史地理学』五五—五、二〇一三年)
高谷重夫『雨乞習俗の研究』(法政大学出版局、一九八二年)
田村憲美「一〇世紀を中心とする気候変動と中世成立期の社会」(伊藤啓介・田村憲美・水野章二編『気候変動と中世社会』〈『気候変動から読みなおす日本史』四〉、臨川書店、二〇二〇年)
田村憲美「一〇〜一二世紀の気候変動と中世荘園制の形成」(伊藤啓介・田村憲美・水野章二編『気候変動と中世社会』〈『気候変動から読みなおす日本史』四〉、臨川書店、二〇二〇年)
戸田芳実『日本領主制成立史の研究』(岩波書店、一九六七年)
奈良県立橿原考古学研究所編『箸尾遺跡』I(奈良県立橿原考古学研究所、二〇〇六年)
西谷地晴美『日本中世の気候変動と土地所有』(校倉書房、二〇一二年)
服部英雄「平家物語の時代と農業用水」(石井進編『中世の村落と現代』、吉川弘文館、一九九一年)
服部英雄『景観にさぐる中世』(新人物往来社、一九九五年)
保立道久『歴史学をみつめ直す』(校倉書房、二〇〇四年)
松中照夫『土壌学の基礎』(農山漁村文化協会、二〇〇三年)
水野章二『日本中世の村落と荘園制』(校倉書房、二〇〇〇年)
水野章二『里山の成立』(吉川弘文館、二〇一五年)

＊水野章二「一〇～一二世紀の農業災害と中世社会の形成」（伊藤啓介・田村憲美・水野章二編『気候変動と中世社会』〈『気候変動から読みなおす日本史』四〉、臨川書店、二〇二〇年）
藪　元晶『雨乞儀礼の成立と展開』（岩田書店、二〇〇二年）
山口えり『古代国家の祈雨儀礼と災害認識』（塙書房、二〇二〇年）

## 第三章　水害と村落景観

伊藤安男・青木伸好『輪中』（学生社、一九七九年）
井上智博「断続する農耕」（鞍田崇編『ユーラシア農耕史』五、臨川書店、二〇一〇年）
上田弘一郎『水害防備林』（産業図書、一九五五年）
榎原雅治『中世の東海道をゆく』（『読みなおす日本史』、吉川弘文館、二〇一九年）
大熊　孝『洪水と治水の河川史』（平凡社、一九八八年）
日下雅義『平野の地形環境』（古今書院、一九七三年）
黒田日出男『日本中世開発史の研究』（校倉書房、一九八四年）
畦柳昭雄他『水屋・水塚』（ＬＩＸＩＬ出版、二〇一六年）
島田次郎『日本中世の領主制と村落』下（吉川弘文館、一九八六年）
鈴木哲雄『中世関東の内海世界』（岩田書院、二〇〇五年）
豊中市教育委員会編『春日大社南郷目代今西家文書』（豊中市教育委員会、二〇〇四年）
豊中市教育委員会編『春日大社南郷目代今西氏屋敷総合調査報告書』（豊中市教育委員会、二〇〇八年）

橋本道範『日本中世の環境と村落』（思文閣出版、二〇一五年）
畑　大介『治水技術の歴史』（高志書院、二〇一八年）
藤木久志『飢餓と戦争の戦国を行く』（『読みなおす日本史』、吉川弘文館、二〇一八年）
松本繁樹・西田秀男「洪水史からみた大井川平野の洪水の特徴と舟型屋敷・屋敷林」（『静岡大学教育学部研究報告』自然科学編・四六、一九九五年）
三浦圭一『日本中世の地域と社会』（思文閣出版、一九九三年）
＊水野章二「災害と開発」（井原今朝男編『中世の環境と開発・生業』〈『環境の日本史』三〉、吉川弘文館、二〇一三年）
＊水野章二「災害と村落景観」（小野正敏他編『水の中世　治水・環境・支配』〈『考古学と中世史研究』一〇〉、高志書院、二〇一三年）

第四章　風害と砂丘・津湊

赤澤春彦「中世都市鎌倉の災害と疾病」（安田政彦編『自然災害と疾病』〈『生活と文化の歴史学』八〉、竹林舎、二〇一七年）
浅香年木『中世北陸の社会と信仰』（法政大学出版局、一九八八年）
石川考古学研究会編『普正寺』（一九七〇年）
井上寛司「中世山陰における水運と都市の発達」（有光友學編『戦国期権力と地域社会』、吉川弘文館、一九八六年）

遠藤邦彦『日本の沖積層』（富山房インターナショナル、二〇一五年）
岡　宏三「杵築大社における「四至」認識と近世の新田開発」（島根県古代文化センター編『出雲国風土記の研究』Ⅲ・論考編、二〇〇七年）
小椋純一「「出雲大社并神郷図」に見る鎌倉時代における出雲地方の植生景観」（『森と草原の歴史』、古今書院、二〇一二年）
垣内光次郎「中世北陸の港町と災害」（五味文彦・小野正敏編『中世都市研究』一四、新人物往来社、二〇〇八年）
片平博文『貴族日記が描く京の災害』（思文閣出版、二〇二〇年）
黒田日出男『境界の中世　象徴の中世』（東京大学出版会、一九八六年）
黒田日出男『姿としぐさの中世史』（平凡社、一九八六年）
小玉芳敬他編『鳥取砂丘学』（古今書院、二〇一七年）
榊原滋高「十三湊の歴史景観と中世古道」（藤原良章編『中世のみちを探る』、高志書院、二〇〇四年）
笹生　衛「古代・中世の景観変化と気候変動」（伊藤啓介・田村憲美・水野章二編『気候変動と中世社会』〈『気候変動から読みなおす日本史』四〉、臨川書店、二〇二〇年）
鈴木健一編『天空の文学史　雲・雪・風・雨』（三弥井書店、二〇一五年）
田上善夫「風の祭祀の由来と変容」（『富山大学人間発達科学部紀要』五―一、二〇一〇年）
田上善夫「一一―一六世紀の日本の気候変動の復元」（『富山大学人間発達学部紀要』一〇―二、二〇一六年）

田村　亨「海岸砂丘の光ルミネッセンス（OSL）年代」（『月刊地球』号外六二、二〇一三年）
鳥取県教育文化財団編『長瀬高浜遺跡発掘調査報告書』Ⅰ～Ⅷ、鳥取県教育文化財団、一九八〇～九九年）
羽咋市教育委員会編『寺家遺跡発掘調査報告書』総括編（羽咋市教育委員会、二〇一〇年）
長谷川博史「中世都市杵築の発展と大名権力」（『戦国大名尼子氏の研究』、吉川弘文館、二〇〇〇年）
東四柳史明「日本海交通の拠点能登」（網野善彦・石井進編『内海を躍動する海の民』〈『中世の風景を読む』六〉、新人物往来社、一九九五年）
水野章二『里山の成立』（吉川弘文館、二〇一五年）
＊水野章二「中世の風と環境」（島根県古代文化センター編『前近代島根県域における環境と人間』〈『島根県古代文化センター研究論集』二三〉、島根県教育委員会、二〇二〇年）
＊水野章二「一〇～一二世紀の農業災害と中世社会の形成」（伊藤啓介・田村憲美・水野章二編『気候変動と中世社会』〈『気候変動から読みなおす日本史』四〉、臨川書店、二〇二〇年）
山口えり『古代国家の祈雨儀礼と災害認識』（塙書房、二〇二〇年）
山村孝一「歌語「神風」考」（『日本文学』四六―五、一九九七年）

## 第五章　虫害と自然認識

池上俊一『動物裁判』（『講談社現代新書』一〇一九、講談社、一九九〇年）
伊藤清司『サネモリ起源考』（青土社、二〇〇一年）

今井雅晴『中世社会と時宗の研究』（吉川弘文館、一九八五年）
大藤　修『日本人の姓・苗字・名前』（『歴史文化ライブラリー』三五三、吉川弘文館、二〇一二年）
岡本大二郎『虫獣除けの原風景』（日本植物防疫協会、一九九二年）
菊池勇夫「虫害と怨霊」（『キリスト教文化研究所研究年報』三一、一九九七年）
岸本良一『ウンカ海を渡る』（中央公論社、一九七五年）
楠　義彦「一五八〇年ロンドン地震と神罰」（『史林』九六―一、二〇一三年）
小山重郎『昆虫と害虫』（築地書館、二〇一三年）
鈴木健一編『鳥獣虫魚の文学史　虫の巻』（三弥井書店、二〇一二年）
瀬戸口明久『害虫の誕生』（『ちくま新書』七九三、筑摩書房、二〇〇九年）
高林純示・田中利治『寄生バチをめぐる「三角関係」』（『講談社選書メチエ』四三、講談社、一九九五年）
田中久夫『氏神信仰と祖先祭祀』（名著出版、一九九一年）
塚本　学『江戸時代人と動物』（日本エディタースクール出版部、一九九五年）
西口順子『中世の女性と仏教』、法蔵館、二〇〇六年）
久野修義「中世日本の寺院と戦争」（歴史学研究会編『戦争と平和の中近世史』、青木書店、二〇〇一年）
細川涼一『逸脱の日本中世』（JICC出版局、一九九三年）
＊水野章二「中世の虫害と災害認識」（『新しい歴史学のために』二八四、二〇一四年）
水本邦彦「人と自然の近世」（水本邦彦編『人々の営みと近世の自然』〈『環境の日本史』四〉、吉川弘文館、二〇一三年）

森　勇一『ムシの考古学』（雄山閣、二〇一二年）

＊は本書の基礎になったもの

# あとがき

テレビの災害報道を見ながら、あれこれ言っていると、「お父さんのいう災害は中世だから……」、話がズレていると笑われる。自分の研究テーマが現代と関わっていることを伝えたいのであるが、あまりに時代が飛びすぎているようである。しかしズレているのは、中世史研究でも同じかもしれない。地域社会への関心は著しく低下してしまい、災害に目を向けるのは、一部の研究者だけである。

本書は総論と旱・水・風・虫害の各論からなるが、それぞれ直接前提とした論文があり、それらは参考文献に明記している。今回、一般向けの本に再構成するにあたって、大幅に圧縮して、書き直した。わかりやすくするために、史料は最小限にして書き下し、また注は付けず、文献リストも絞り込んだものとなっている。誤解を生むような記述になっていないことを願うのみである。

災害史研究の出発点は、北原糸子編『日本災害史』（吉川弘文館、二〇〇六年）の中世部分を担当したことにある。北原氏と初めてお会いしたのは、寛文地震関係史料の閲覧に、勤務先へ来られた時であったが、それがきっかけとなって、北原氏が中心的役割を果たされていた中央防災会議「災害教訓の継承に関する専門調査会」小委員会に参加することになり、『日本災害史』の執筆に至った。取り組み始めるなかで、中世史研究には災害史という分野が成立していないこと、そして中世社会においては、災害が日常的な光景であったことに気づいた。

災害史研究を進めていくうえで、総合地球環境学研究所のプロジェクト「高分解能古気候学と歴史・考古学の連携による気候変動に強い社会システムの探索」（二〇一四〜一八年度）への参加は、貴重な経験となった。年輪の酸素同位体比から導かれた降水量データの有効性はよく理解できたが、その歴史学への応用の仕方については、中世史グループ内でも多様な考え方があった。筆者はそのなかでも、文献史料との整合性を重視する慎重派であったと思う。本書においても、文献史料を骨格にして、考古学や歴史地理学などの成果とともに、いくつかの自然科学のデータを用いているが、使い方や理解の仕方には、批判があるであろう。

さまざまな人との出会いのなかに、自分の研究が形作られたことを、あらためて感じる。それとともに、さまざまな場所・景観との出会いも大きい。本書で扱った場所を含め、自然との闘いの痕跡を探すために、いろいろな土地を歩いた。近年の被災地で、生死に関わる体験を聞かせていただいたこともある。日本海からの風が吹きすさぶなかで、草に覆われた砂丘に掘り込まれた家々の跡を見た時、ここでどのような生活が営まれていたのか、ぜひ知りたいと思った。

本書が少しでも災害史への関心につながれば幸いである。なお図版作成にあたっては、滋賀県立大学学生大谷麻結さんの手を煩わせた。

二〇二〇年一〇月一八日

赤く色づいた庭のヤマボウシの実を眺めながら

水　野　章　二

著者略歴

一九五四年　愛知県に生まれる
一九八三年　京都大学大学院文学研究科博士後期課程修了
現在　滋賀県立大学名誉教授、博士（文学）

〔主要編著書〕
『日本中世の村落と荘園制』（校倉書房、二〇〇〇年）
『中世村落の景観と環境』（編著、思文閣出版、二〇〇四年）
『中世の人と自然の関係史』（吉川弘文館、二〇〇九年）
『琵琶湖と人の環境史』（編著、岩田書院、二〇一一年）
『里山の成立』（吉川弘文館、二〇一五年）
『よみがえる港・塩津』（編著、サンライズ出版、二〇二〇年）


# 災害と生きる中世
## 旱魃・洪水・大風・害虫

二〇二一年（令和三）一月二十日　第一刷発行

著　者　水《みず》野《の》章《しょう》二《じ》
発行者　吉川道郎
発行所　株式会社　吉川弘文館
郵便番号一一三―〇〇三三
東京都文京区本郷七丁目二番八号
電話〇三―三八一三―九一五一〈代表〉
振替口座〇〇一〇〇―五―二四四番
http://www.yoshikawa-k.co.jp/
印刷＝株式会社 三秀舎
製本＝誠製本株式会社
装幀＝黒瀬章夫




ISBN978-4-642-08392-8

水野章二著

# 里山の成立

―中世の環境と資源―

A5判・二二四頁／二八〇〇円（税別）

人々が生活のために、繰り返し利用しながら作り出した里山は、薪炭・木材・食料などを得るだけではなく、生活環境の保全や災害対策などのさまざまな機能を有していた。中世の畿内近国を中心に、里山が成立する過程やその特質を明らかにしながら、山野河海をめぐる人と自然、人と人の関係を解き明かし、村落研究・環境史研究の可能性をひらく。

吉川弘文館